中小学生“平安课堂”系列丛书

总主编　莫关耀

# 初中生毒品预防

## 专题教育手册

朱晓莉　莫关耀　编

CPPSUP
中国人民公安大学出版社
全国百佳图书出版单位

跟随我国著名的禁毒教育专家莫关耀教授一起畅游禁毒知识的海洋吧。你可以认清毒品的危害，掌握拒毒的技巧……

小九
王牌缉毒犬
安仔
交通秩序的领航人
阿虎
敏锐果敢的网警
警犬
POLICE
钱袋子的守护人
大壮
细致耐心的治安民警
丸子
活泼机智的社区民警
柚子
老莫访谈
禁毒小课堂

POLICE

# 前 言

2018 年 6 月，习近平总书记就禁毒工作作出重要指示强调：“要加强党的领导，充分发挥政治优势和制度优势，完善治理体系，压实工作责任，广泛发动群众，走中国特色的毒品问题治理之路，坚决打赢新时代禁毒人民战争。”近年来，全国破获毒品犯罪案件数、现有吸毒人数、新增吸毒人数、青少年吸毒人数全面持续下降，禁毒形势整体向好、持续改观，禁毒斗争取得了阶段性成果。

青少年是民族的希望、祖国的未来。2021 年 10 月 26 日，教育部印发《生命安全与健康教育进中小学校课程教材指南》，整体上将禁毒教育纳入生存安全教育、生活健康教育和生命价值教育范畴，进一步明确了小学、初中阶段纳入“道德与法治”课程，高中阶段纳入“思想政治”课程，细化了教学目标、教学内容。

为进一步加强青少年毒品预防教育的科学性、针对性和有效性，深入贯彻落实习近平总书记关于禁毒工作“要坚持关口前移，预防为先，重点针对青少年等群体，深入开展毒品预防宣传教育”的指示精神，以及国家禁毒委员会、教育部等关于开展中小学生毒品预防教育的具体部署，我们组织多位全国知名毒品预防教育专家编写了“中小学生毒品预防专题教育手册”系列图书，作为中小学生学习禁毒知识的辅助材料。高尔基说过，书籍是青年人不可分离的生活伴侣和导师，期盼本系列图书能对同学们有所裨益。

“中小学生毒品预防专题教育手册”系列图书由全国著名禁毒教育专家、国家禁毒办专家库成员莫关耀教授（云南师范大学）担任总主编并进行统稿，小学生分册由杜敏菊教授（云南师范大学）撰稿、初中分册由朱晓莉教授（福建警察学院）

撰稿、高中分册由郑伟俊讲师（云南师范大学）撰稿。

在编写过程中，我们参考了大量专家学者的著作和相关权威组织的专业资料，在此一并致谢！由于时间仓促、水平有限，疏漏之处还请各位同仁、老师、同学们批评指正。

2024 年 4 月

# 目录

第一课　毒品知识早知晓 ........................................ 11

一、头号家族——鸦片族 ................................ 13
二、人气家族——大麻族 ................................ 18
三、毒王家族——苯丙胺族 ............................ 20
四、疯狂一族——卡西酮族 ............................ 23
五、迷幻一族——LSD 等 ................................ 26
六、迷奸一族——“K 粉”等 ........................... 28

第二课　毒品危害要知道 ........................................ 35

一、吸毒会上瘾吗？ ........................................ 36
二、毒品之毒——让吸毒者身心俱损 .............. 39
三、毒品之毒——不能承受的家庭之痛 .......... 44

第三课　吸毒诱惑能分辨 ........................................ 51

一、案情诊断 .................................................. 52
二、阿希从众实验 .......................................... 57

扫一扫 看视频

## 第四课　毒品伪装巧识别 …………………………… 65

一、第一阶：火眼金睛 …………………………… 66

二、第二阶：眼观六路 …………………………… 69

三、第三阶：练就“神功” …………………………… 75

四、第四阶：锻造“元神” …………………………… 78

五、第五阶：见招拆招 …………………………… 80

## 第五课　禁毒法律应知悉 …………………………… 85

一、以案说法 1 …………………………… 86

二、以案说法 2 …………………………… 91

三、以案说法 3 …………………………… 95

## 第六课　禁毒斗争我参与 ……………………………103

一、人类与成瘾性物质：源远流长 …………… 104

二、人类与毒品：一场永不停止的战争 ……… 106

三、我们能为赢得禁毒人民战争做些什么 … 112

POLICE
少年强 中国强
禁毒小课堂

# 第一课　毒品知识早知晓

毒品，听上去是一个令人十分憎恶的名词。小学期间，老师、父母告诫我们要远离毒品，电影、电视作品和新闻报道讲述了许多吸毒贩毒的故事，公共场所展示了各种禁毒宣传的广告和警示标语……那么，我们对毒品究竟知道多少呢?

目前，全世界发现并管制的毒品有几百种，我国已经管制了四百多种，未来还可能增加新的管制品种哦。毒品长什么样儿？为什么要远离它？它对我们的威胁有哪些？不如，先听一听毒品的“自白”吧。

白粉之殇

# 毒品的自述：关系复杂的庞大家族集合体

毒品，是给一个庞大家族取的统称。

这个庞大家族的祖先很早就在地球上生存了，它们大部分在植物的体内，以有机化合物的形式存在。人类在认识和开发大自然的过程中发现了它们的特殊功效，把它们当作治病的药，也有的把它们作为宗教祭祀的用品。这样的用途并未给人类带来什么威胁。随着化学和医学的发展，人类将这些特殊的化合物从植物中提炼出来制成药物，初衷是想提高人类战胜疾病的能力。然而，有些人没有满足于药物的治病功能，开始迷恋那些令人兴奋、致幻、迷醉的感觉，渐渐地上了瘾，不能自拔。

潘多拉的魔盒打开了……

毒品是由多个家族组成的关系复杂的集合体，有的家族有着漫长的历史，是毒品中的“元老”，有的是从老的家族分支中衍生出的新族群，还有的则是最近十来年才异军突起的“新贵”。在毒品家族大张旗鼓地肆虐横行历程中，不法分子的活动起到了推波助澜的作用，特别是最近几十年化学合成技术的迅猛发展，使得更多、更新的毒品家族分支被非法制造出来。

要了解这个庞大的集合体，就让每个家族慢慢道来吧。

# 一、头号家族——鸦片族

排上头号的家族必须得具备三个条件：历史久、名气大、威力强。放眼望去，这个名号非鸦片族莫属了。

罂粟——鸦片族里的老祖宗，早期的麻醉剂都是从它这儿提取出来的。

古埃及人为了表达对罂粟美丽外形的赞美，把它尊称为“神花”。每年春天，罂粟在山间绽放，红色、白色、粉色、紫色，五彩缤纷。不过，不要把它和虞美人混淆了哦，它们虽然同属于罂粟科，但还是有所不同的。

罂粟

虞美人

**观察虞美人和罂粟的茎叶、花瓣、果实，看出区别了吗？**

列出你的发现

虞美人是可以在自家种植观赏的植物，但你如果想养植罂粟可就没那么容易了。它的身体里含有吗啡、可待因、那可汀、罂粟碱这些物质，它们一边有镇痛、止咳、止泻、催眠的作用，一边却又有着难以对付的副作用——长期服用会成瘾。所以，国家法律禁止任何单位和个人未经许可私自种植罂粟。

罂粟果

罂粟壳

上古时代人们就发现了罂粟的药用价值，他们划破罂粟的果实，让乳白色的浆液在风中自然风干成褐色的膏状物，制成了生鸦片，再把它们加工成“鸦片膏”。这就是鸦片族的第一代。听说过“鸦片战争”吗？古老的中国在清朝晚期被鸦片攻陷，许许多多的中国人吸食大烟（也就是鸦片膏）成瘾，连军队的官兵也卷入其中。有一位叫作林则徐的大臣，眼见着国家和民族遭遇危机，便上书道光皇帝，请求严禁鸦片烟毒。然后呢？就有了轰轰烈烈的“禁烟运动”和影响了中国近代史的“鸦片战争”。每一个中国人都要牢牢记住这段屈辱的半殖民地半封建社会的历史，而它的导火索就是鸦片。

话说回来，除了割出鸦片，人们还把流完汁液的罂粟果实叫作罂粟壳，作为中药材入药。但是，今天有个别不法的火锅店、卤味店，偷偷地往火锅底料、卤料里添加罂粟壳，要知道，长期食用添加了罂粟壳的食物也是会上瘾的。

现在基本没有人用鸦片膏啦，罂粟里的那些物质被提取出来制成了麻醉药品，成了鸦片族的第二代。吗啡被提取出来制成了“吗啡片”和“吗啡针”，用来作为强效镇痛药。可待因被提取出来制成了止咳水，用来镇咳、平喘。联邦止咳露、可非、奥亭、立健亭、欧博士、佩夫人等，不同牌子的止咳水，主要成分都一样，含有可待因和麻黄碱。这些都是用来治病的处方药，必须在医生的指导下使用。

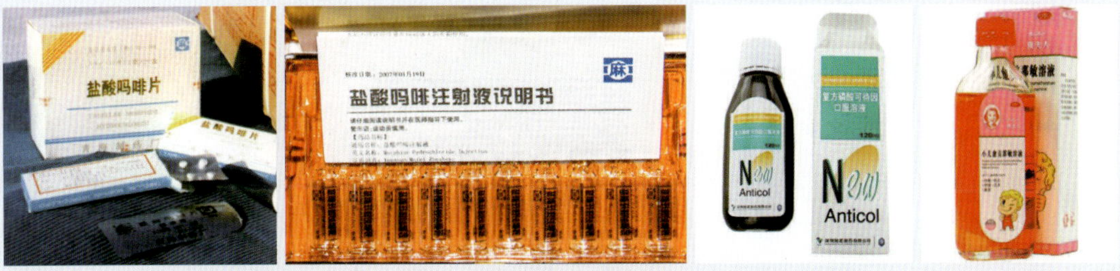

各类药品

如果人们按照医生的医嘱正确使用这些药物，那么自然是相安无事。遗憾的是，有些不法分子并不仅仅把吗啡片、止咳水等当作药品使用。处方药止咳水被人从药店卖到了网吧和 KTV、酒吧里，兑上雪碧和可乐，摇身一变成了“时尚饮品”。不得不说，这些不法分子可真会坑人。这时候的“止咳水”不再是治病良药，它已经成为危险的毒品。

过量滥用止咳水会导致抽筋、神智失常、中毒性精神病、昏迷、心跳停止及呼吸停顿，严重的会引起窒息死亡。长期、无节制地滥用止咳水会对人体的肾脏、肝脏等脏器以及神经系统造成损害，出现内分泌紊乱、低钾血症、便秘、恶心、情绪不稳定、睡眠失调、记忆力下降、反应迟钝、癫痫、神志不清等症状，严重的会产生幻觉和妄想，导致行为失控。

说到“止咳水”带来的问题，必须要提醒大家防范另外一种强效镇咳药——右美沙芬。虽然右美沙芬不属于阿片大家族，但它和“止咳水”的效用相似。近几年，一些青少年滥用“美沙”已经上瘾啦。什么是“美沙”？喏，就是图中的氢溴酸右美沙芬片，它原本是医生用来治疗呼吸道感染引起的咳嗽的，镇咳效果也相当好。但是，超剂量服用右美沙芬会引起兴奋，对人的中枢神

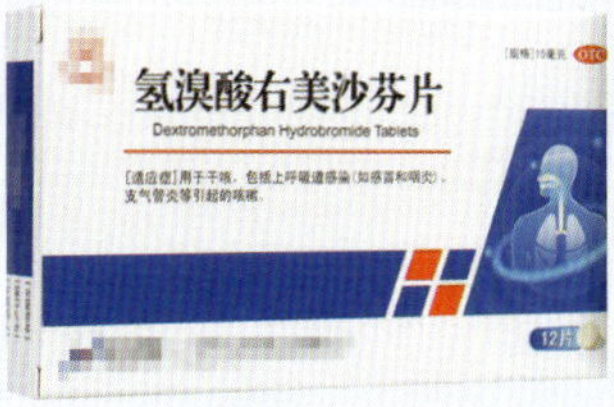

右美沙芬类药品

经造成损伤，出现精神错乱、呼吸抑制，甚至导致死亡。

至于本族中“威名远扬”的“海洛因”算是本族的第三代子孙了。

最初，科学家在吗啡中加入了化学品醋酸酐，提炼出一种麻醉镇痛效果更好的药物，德国拜耳公司给它取名“Heroin”。然而，人们很快就发

不同形态的海洛因

现海洛因的依赖性比吗啡更强，危害后果远远超过了它的医用价值。1910年开始，世界各国取消了海洛因在医学临床上的使用。所以，这个孙子出生不久就没有了名分，但这并不妨碍那些毒品生产区，如臭名昭著的“金三角”“金新月”地区偷偷生产它。一百多年来，海洛因横扫各大洲，和大麻、可卡因并驾齐驱，号称 20 世纪的三大毒品。

海洛因，俗称“白粉”“白面”。实际上“白粉”并非纯白色，它们常见的颜色是灰白色、淡黄色，有的是粉末，有的是颗粒，还有的被压成块状。海洛因闻起来有一股酸味，这是它比较容易被辨识的特征。

掰扯完本族的直系后代，再来说说本族的旁系家族。所谓旁系，其实是因为这些成员全都是人工化学合成的药物，和本家族没有直接的血缘关系。不过，它们和本族成员很像，都有麻醉镇痛、抑制中枢神经的作用，所以统统被归为类阿片药物。

先来看“网红”旁系成员芬太尼。它的威力可比本族成员的大多了，芬太尼的药效是吗啡的 80～100 倍、海洛因的 40～50 倍，目前已经有

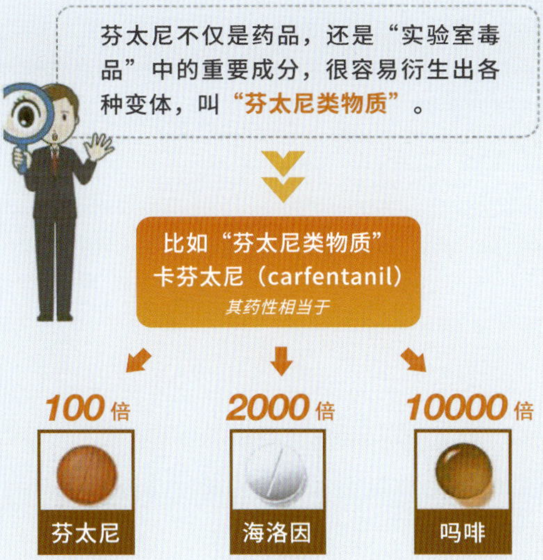


注：图片来源于网络

多个国家报告因滥用芬太尼过量致死的案例。所以，早在 2019 年 5 月 1 日，中国就对芬太尼整个家族进行了严格的管制。

第二个不得不提的旁系成员是曲马多。曲马多可是地地道道的镇痛药，你看盐酸曲马多或者氨酚曲马多的药品说明上写得明明白白，医生用它来缓解病人的中重度急慢性疼痛。那为啥说它是旁系成员呢？这曲马多呀，过量服用会产生依赖，对人体的作用类似我们家族的吗啡和海洛因。这下懂了吧！

对了，还有一个旁系成员：含地芬诺酯复方制剂。地芬诺酯表示有点冤，自己明明是治疗拉肚子和慢性肠炎的药，怎么就被吸毒者盯上了呢。这还得从它的作用说起，第一，它是阿片制剂的替代药，对人体肠道的作用类似吗啡。第二，这种药长期使用会产生依赖性，通俗地说就是会“上瘾”。

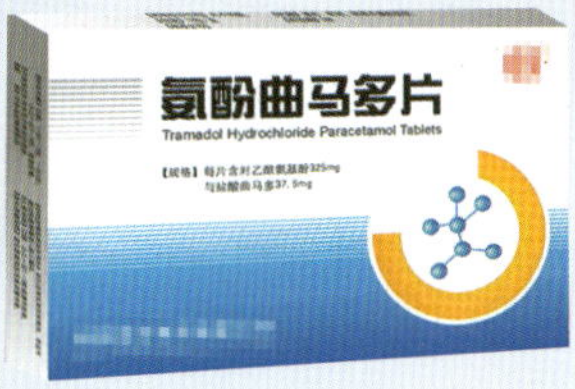


曲马多类药品

药品复方地芬诺酯片

关于旁系家族成员其实还有很多，大部分都是化学合成的麻醉药品或者精神药品，比如美沙酮、杜冷丁、羟考酮等。药品本身没有错，关键看人们怎么使用它。

# 二、人气家族——大麻族

要说人气最旺，当然首推大麻啰，没有哪种毒品能如大麻族这般受“欢迎”。《2023 年世界毒品报告》显示，全球吸毒人数达到 2.96 亿，其中大麻滥用人数超过 2 亿。

大麻族是一个很古老的家族，来自生长在温带和热带地区的天然植物大麻。人类发现它们的致幻作用后，最初是把大麻用在宗教活动中。历史上有不少地方的巫师认为大麻能让他们与鬼神通灵，“见鬼狂走”。其实啊，这一切都是因为这种物质进入人体后能让人产生幻觉。

先来认识认识“元老”——天然的大麻植物吧。大麻植物最明显的特点就是它的叶片，表面是深绿色，外观呈楔形，叶子的边缘有粗锯齿，很容易把它和其他植物区分出来。本族这个“元老”生命力很强，不光室外能够生长，还能在室内培育种植。咳咳，要注意，在中国，私自种植大麻是违法行为，严重的是要追究刑事责任的。

大麻植物

大麻植物干品

大麻植物里有大麻纤维，可以用来织麻布或纺线，制成绳索，编织渔网和造纸。大麻种子可以用来榨油，榨出的油可以做油漆、涂料，油渣也不会浪费，能被当作饲料。说起来，咱们大麻浑身都是宝呢。但是，大麻身体里含有多种大麻素，其中有种最危险的物质叫作四氢大麻酚，英文缩写 THC。这种物质进入人体后，对中枢神经产生麻醉抑制和致幻的作用，长期使用会让人产生依赖。特别是那些吸食大麻成瘾的人，记忆力明显下降，注意力、计算力和判断力也减退，思维变得迟钝、木讷。

为什么大麻在世界范围内这么流行呢？其中有个原因就是大麻烟很容易制作和方便吸食。只要把大麻植物干燥处理后制成碎末，混入烟叶中，就能像香烟那样吸食。如果你听到有人在说“飞叶子”“飞行”“农夫”一类的，小心了哦，他们可能在抽大麻烟。

大麻烟

掺入大麻油的电子烟

除了干燥后的植物干品，从大麻植物中提炼出的大麻脂也常常被掺入烟叶中制成大麻烟呢。注意！注意！四氢大麻酚含量最高的是从大麻植物里提炼出的大麻油啦，有的毒贩把大麻油掺入电子烟的烟油中，这时候抽的实际上就是大麻了。

介绍完原生家族后，不得不提一下合成大麻素这拨儿新出现的亲戚。什么叫合成大麻素？打个比方，就是把天然植物大麻身体里的大麻素做了个克隆，而且，这个克隆体最初的细胞还不是从大麻身体里取走的。然而，用化学品作为原料生产出来的这玩意儿却具有和天然植物大麻中的大麻素相似的作用。现在，它们有各种各样的外观，有的是“小树枝”，有的是“干花”，有的是“果冻”，有的被掺入电子烟油中，还被取了好听的名称，什么“雅典娜小树枝”“娜塔莎”“K2”之类的，让人感觉是很时尚的用品或食品，带有极强的迷惑性。

“雅典娜小树枝”

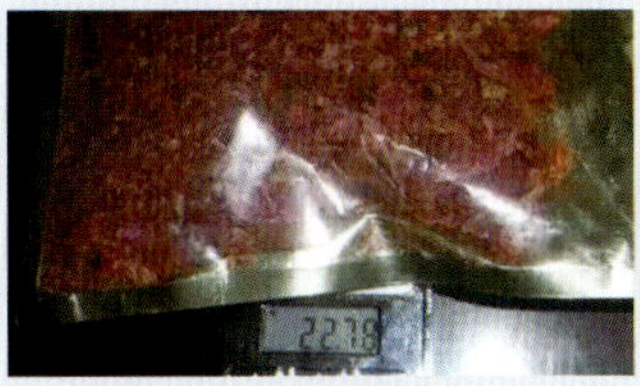
“干花”

“果冻”

# 三、毒王家族——苯丙胺族

冰毒

20 世纪是鸦片、大麻和可卡因的天下，但是，在 1996 年召开的国际兴奋剂专家会议上，与会专家们发出了警告：苯丙胺类毒品将成为 21 世纪广为流行的毒品。

没错，专家们说的就是毒王家族——苯丙胺族。而且，他们的预言很快就变成了现实。以冰毒为例，20 世纪末期冰毒泛滥，迅速地占领了亚洲特别是东亚和东南亚的毒品市场。到 2019 年，中国的吸毒群体里滥用冰毒的人就占了 55.2%，排在了第一位。

大家对冰毒都有所耳闻吧，这种能被人工化学合成的兴奋剂学名叫作甲基苯丙胺，我国台湾地区把它译为甲基安非他命，因为它的外观看上去像“冰”，被吸毒者取名为“冰毒”。

冰毒像不规则的冰块，但也有很小的结晶体，比较容易识别。可是，如果你以为冰毒就长这样，那就太小看毒贩了。

见过这种小药丸吗？它最初是由“金三角”的毒贩生产出来的，有个从泰语翻译过来的别名——麻古。警察们也管它叫冰毒片，为啥？因为这种小药丸的主要成分就是冰毒呀，除了冰毒外，它还含有咖啡因。冰毒和咖啡因这两种成分对人的中枢神经产生强烈的兴奋作用，所以本族成员和咖啡因都被划入了兴奋剂的行列。

麻古

有同学会问，这种小药丸不就是摇头丸吗？ NO ！这事儿可得好好地细说一下。

苯丙胺家族和鸦片族、大麻族有很大的不同。鸦片族的第一代毒品鸦片和第二代毒品吗啡都是从罂粟植物中提炼出来的，大麻族的大麻烟、大麻脂也是来自大麻植物。但是，苯丙胺族的“血缘”就复杂了，主要依赖的是化学品，不是天然植物。虽然有部分冰毒是以麻黄素作为主要原料，麻黄素来自天然植物麻黄草，但是，没有大量的化学品介入产生化学反应，就不会生成最后的成品——冰毒。现在，毒贩更是掌握了无需麻黄素，全部使用化学品合成冰毒的技术，让整个家族迅速地在世界各地蔓延，并且不断“推陈出新”，生出越来越多的旁支。其中有一支，在拥有苯丙胺家族必备的兴奋作用外，还提升了对人的中枢神经产生的致幻效用，被统称为致幻型苯丙胺，俗称“摇头丸”。吸毒者给它取了不少别称：“E”“强奸药片”“Fing 头丸”，等等。摇头丸 20 世纪就在欧美国家流行，是一种极为常见的“俱乐部毒品”，到 20 世纪 90 年代后期才传入中国，出现在迪吧、歌舞厅里，迅速从沿海向内地蔓延开来。

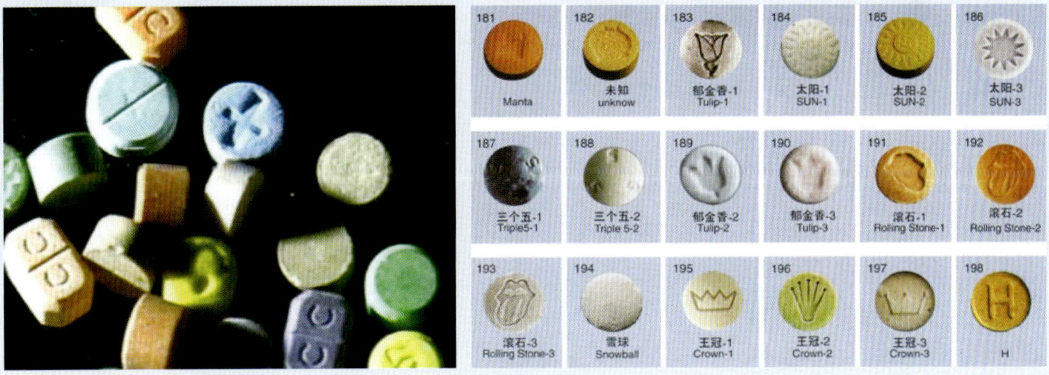

各类摇头丸

**观察麻古和摇头丸的外观。**

列出它们的不同之处

所以，麻古和摇头丸虽然都是彩色小药丸，属于苯丙胺族的成员，但麻古实质上是冰毒的另一种形态，摇头丸则是从冰毒衍生出来的致幻型兴奋剂。这关系是不是有点复杂?

不管怎么说，目前苯丙胺族占据着中国毒品市场的头把交椅，一些吸食海洛因的人也被拉过来了。嘿嘿，他们万万想不到，“刚出虎穴，又入狼窝”。因为，苯丙胺对人体的伤害一点都不输给海洛因。就拿冰毒来说吧，它直接刺激人的中枢神经和交感神经系统，产生强烈的兴奋作用，容易让人血压升高、心跳加速，长期使用会造成不可逆的精神损害。那些滥用冰毒的人脾气暴躁、冲动，常常有暴力攻击行为，谁把他们变成这样的？还用说嘛。

# 四、疯狂一族——卡西酮族

“浴盐”（粉末状）

卡西酮族是苯丙胺族的远房亲戚。在中国山西省，卡西酮族的一个分支“甲卡西酮”就被吸毒者叫作“土冰”。有这层亲戚关系是因为卡西酮族算得上是苯丙胺族的衍生物，而且作用在人体上的反应很相似——精神亢奋、不睡觉、不吃东西、产生幻觉、有暴力倾向……要知道，本族成员还有洋名呢，听说过“丧尸药”“浴盐”吗？那可是疯狂一族的代言人。

通过下面的案例来了解一下疯狂一族如何让人疯狂的吧！

## 案例

2012年5月26日，一个普通的周六下午。在美国的迈阿密海滩附近的公路上，人们被眼前的场景惊呆了：一名赤裸着上身的男子正扑在另一名倒地不起的老人身上，恶狠狠地疯狂啃咬对方的脸。“那个人好像正用嘴将下面的人撕成碎片”一个目击者回忆起当时的情景。无论周围人如何叫喊，对方都无动于衷。迈阿密警方接到报警后，很快赶赴现场处理，多次喝令攻击者后退，但“食脸男”只是抬起头，狠狠盯着警察和目击者咆哮，在多次鸣枪警告无效的情况下，警方连开6枪将这名疯狂男子当场击毙。经过迈阿密警方的检验报告，这名表现得像“丧尸”的男人，很有可能是吸食了一种叫“浴盐”的毒品。专家和研究人员也在反复观看当天监控录像后，指出，这名男子的行为与过量服用“浴盐”的患者有诸多相似之处。①

## 资料

2012年1月，《药物毒理学杂志》报道了一例服用“浴盐”致死的案例：一名40岁的男子在服药后，变得非常富有攻击性，情绪失控，然后出现了严重的幻想症状，撕掉自己身上的所有衣服后跑到了街上。闻讯而来的警察想要将其送往医院，却遭到了这名男子的激烈反抗。为了保护他和周围的人，警方不得已使用了电击装置，而他此刻似乎变得力大无穷，居然连续电了3次才将他制服。被送到医院后，他出现了心跳加快、血压下降、贫血的症状，尽管经过全力抢救，还是在入院42小时后被宣布死亡。

“浴盐”（晶体状）

“浴盐”就是卡西酮族的一支，它的外观看上去像海盐，所以得了这么个别称。吸食“浴盐”后，除了损害身体外，强烈的幻觉也使得吸食者意识紊乱、行为失常，像传说中的僵尸一般，因此“浴盐”就有了“丧尸药”的称谓。

① 啃脸“僵尸”原是“浴盐”惹的祸.时代周报，2012-6-7.

卡西酮家族成员大部分都诞生在实验室里，是通过人工化学合成的，所以被归为“实验室毒品”，意思就是卡西酮族能够在实验室里不断地繁衍出更多有着共同基因的后代。不过，卡西酮家族也有来自植物的分支。

猜一猜，这是什么植物？

恰特草

答案是：恰特草，又叫“阿拉伯茶”“埃塞俄比亚茶”“也门茶”“巧茶”“东非罂粟”，主要生长在热带非洲和阿拉伯半岛等地区。咀嚼这种植物叶片能产生令人兴奋的作用，因为它的体内含有卡西酮物质，确定是本族的成员没错了。

# 五、迷幻一族——LSD 等

该“最美”家族上场了。

先摆个造型，请“邮票”小姐出场。

麦角二乙胺（LSD）

## |“邮票”|

“邮票”（LSD）

它是不是很像大家玩的贴贴纸？它可是本族王牌，虽说是王牌，可看上去长得乖巧，迷惑性的外观，让你防不胜防！它能让人产生强烈的幻觉，对中枢神经损害极大，长期使用会诱发精神分裂症，出现伤人、自残、自杀等极端行为。目前所知的药效最强的迷幻药LSD，它的化学名称叫作麦角二乙胺，毒贩常常把 LSD 制成小药片，或者做成小方糖的模样，也有溶在水里后喷在小画片上，或者把彩色画片浸在含有 LSD 的溶液中，制成又薄又小被吸毒者称为“邮票”的纸片。

## 迷幻蘑菇

它颜色鲜艳，长相可爱，可是有“毒”！人们都称它为“迷幻蘑菇”或者“干蘑菇”，其中最有代表性的是“毒蝇伞”，生长在北欧、西伯利亚和马来西亚一带，含有塞洛西宾等活性成分，吃下去之后人会出现幻觉，最长可达 6 小时。大量食用迷幻蘑菇会产生严重幻觉、惊慌、焦虑与恐惧。

迷幻蘑菇

银冠玉仙人掌

它呆萌又美丽，常常被当作多肉植物种植。其实它是生长在墨西哥北部与美国西南部的干旱地区的一种乌羽玉属仙人掌。它的种子、花球中有一种生物碱叫作麦司卡林，这是一种强效致幻剂，没有医药用途，服用之后能使人产生幻觉，引起瞳孔扩大、心动过速、肢体反射亢进、震颤、恶心、呕吐等。

幻觉，幻觉，幻觉！这是迷幻一族最显眼的特征。外表美丽可爱，内里潜藏危险！为了你的健康，还是希望你只是认得本族成员，但在生活中没有机会见到。当然，如果哪天见到了，也要记得，千万离得远远的。

# 六、迷奸一族——“K 粉”等

迷奸？这个名称真心不友好，但似乎又无法辩驳。毕竟，本族的成员确实有催眠镇静的能耐。这些具有麻醉镇静作用的药物原本遵纪守法地待在医院里，在治疗疾病、减轻病人疼痛上大显身手。可是，某些不法分子利用药物的麻醉镇静功能，偷偷地将本族成员非法制造出来售卖。在酒吧、KTV 一类的娱乐场所，还有朋友聚会的 PARTY 上，本族成员被当作时髦玩意儿服用。那些引诱年轻人“嗑药”的不法分子一定不会讲出真相，他们只会说“吃了这个小蓝片喝酒不容易醉”“打了‘K’听到音乐特别有感觉”。今天，就来告诉你真相！

## |“K 粉”|

它的学名叫氯胺酮，对中枢神经有抑制作用，在医学临床上作为麻醉剂使用。

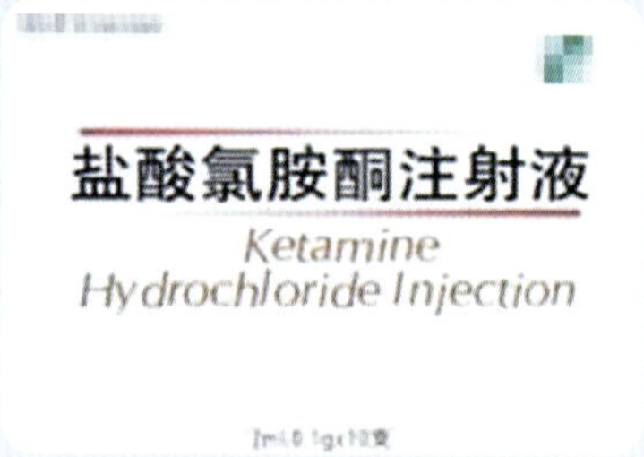

氯胺酮药品

当它被不法分子偷偷从药厂、医院、诊所流入黑市或者被毒贩在地下工厂用化学品合成后，就变成了下图中的样子。而且，还有了不少别称：“K 粉”“K 他命”“K 仔”“迷奸粉”“开心水”……光听这些名称，就知道是不怀好意地引诱青少年羊入虎口啦。

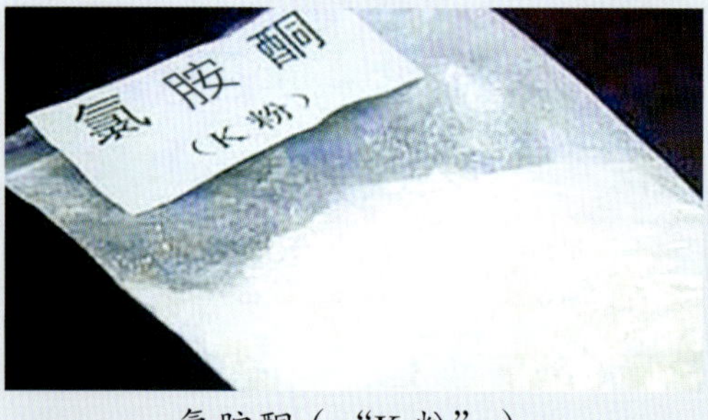

氯胺酮（“K 粉”）

“开心水”

它经常出没于娱乐场所、私人聚会甚至现身在音乐节上，使用者吸入“K 粉”后痛觉消失，但意识还在，伴随着有节奏的音乐就会不知疲倦地摇头，并产生一定的幻觉，和服用了摇头丸类似。吸食“K 粉”被吸毒者称为“打 K”“拉 K”，“打 K”后的人经常出现神经中毒反应、幻觉和精神分裂症状。例如，讲话含糊不清、头昏、精神错乱、过度兴奋、幻觉、幻视、幻听、运动功能障碍、抑郁，怪异和危险行为。当然，如果使用过量，那就一个结果——呼吸抑制导致死亡。“打了‘K’听到音乐特别有感觉”？想想你可怜的颈椎、你的小心脏、你的肺、你的膀胱的感觉，求它们的心理阴影面积。

## “蓝精灵”

氟硝西泮（“蓝精灵”）

它不是可爱的蓝精灵。

它只是蓝色的小药片。

它的学名是氟硝西泮，也叫氟硝安定，和地西泮（通常所说的“安定”）、硝西泮一样，都是用来治疗失眠症的安眠镇定类药物，只是它的镇静催眠效果更强大一些，差不多是安定片 10 倍的样子。它还有另外的绰号，如“FM2”“十字架”什么的，其实都是哄骗年轻人的噱头。既然是安眠药，那么主要功能就是催眠，当你服下一片蓝色药片后，不到半小时就能失去意识，进入深度睡眠的状态，能一觉睡到第二天中午。糟糕的是你在清醒之后，记忆会出现混乱。换句话说，当你第二天醒来时，完全记不清昨晚到底发生了什么事情。所以，它还有另外一个别称——“约会强奸药”。那么，请脑补一下情节：在你昏睡时，可能会发生什么事……

## GHB

吸毒的人都叫它“神仙水”，可它不是神仙，它是精神药物，用来治疗失眠、抑郁症的，有个正经八百的名称——γ-羟丁酸。它无色无味，能溶解在饮料、酒水等液体里，服用它之后很容易就失去知觉，陷入昏睡状态，醒来后对发生过的事几乎没有记忆。是的，没错，它和“蓝精灵”的部分作用很相似，所以它也有很多别称啊，“液体迷魂药”“G毒”“迷奸水”，往往和性侵脱不了干系，它经常被人偷偷放进饮料酒水里帮他们作恶，所以面对来历不明的饮品可要提高警惕哦！

含有GHB的“咔哇潮饮”

## 依托咪酯

它是最近几年的“新秀”，吸毒的人叫它“依托”。它的药名叫依托咪酯，是妥妥的中枢神经抑制剂。原本它都待在医院里，担任麻醉医师的助手。后来，有人偷偷将它掺进香烟里，这时它被称为“烟粉”。还有人偷偷将它掺进电子烟的烟油里，于是，电子烟摇身一变就成了“上头电子烟”。抽了掺入它的香烟或者电子烟会发生什么？手抖、头晕、意识模糊、站不稳、没力气、视物模糊、记忆力下降……抽多了又会怎样呢？作为一款优秀的麻醉剂，当然是令人意识丧失啦，更严重的就是吸入过量导致死亡。所以，还是让它乖乖待在医生手上吧。

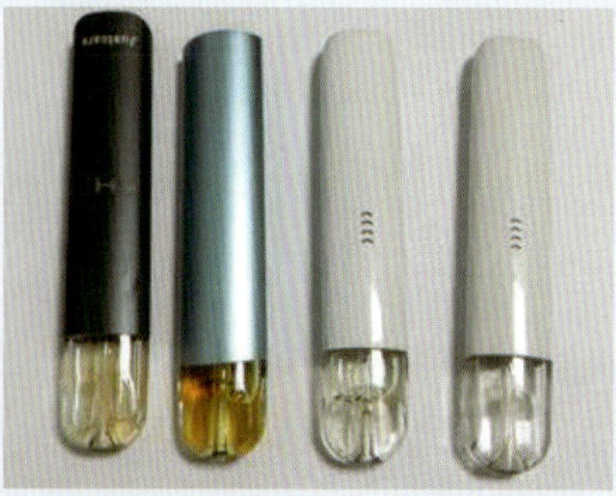

掺入依托咪酯的“上头电子烟”

## 毒品是个什么玩意儿

听完几大毒品家族的自我爆料后，是不是感觉有那么点复杂了？既有植物，又有化学品，还有常见的药。他们长相各异，有各种伪装，出没于不同场所，我们该如何分辨？

让我们来总结一下它们的特点。请在你同意的方框里打“√”。

- □ 天然类毒品历史悠久
- □ 来自天然植物
- □ 容易让人上瘾
- □ 使用后对人体有害
- □ 能够用化学方法合成
- □ 禁止非法滥用
- □ 20 世纪 90 年代后合成类毒品流行
- □ 本身是能对人的中枢神经产生作用的精神活性物质
- □ 仅限于教学、科研、医疗合法使用

那么，毒品究竟是个什么玩意儿？

第一，毒品没有那么神秘，它们其实就是一种精神活性物质。这些物质中有的被用在医学临床上，是治疗疾病的药物，分为麻醉药品和精神药品，如吗啡、止咳水、氯胺酮、氟硝西泮；有的没有药用价值，至今未被任何一家合法药厂生产，始终被禁止使用，如冰毒、麻古、“丧尸药”。是药品还是毒品？关键看它的用途。我们所称的毒品专指两类：一类是压根不能合法生产、没有医疗价值的；一类是虽然有药用价值但并没有出于医疗的目的去生产或使用的。

第二，毒品能让人上瘾。这是将毒品和普通药物区别开来的重要特征。只有那些能让人上瘾的物质才可能被列入毒品的范围。

第三，成瘾性药物得不到正确使用将带来危害。虽然有部分毒品本身就是药物，可一旦将这些药物用于寻求使用之后产生的兴奋、麻醉、致幻效果，那它们给人体带来的损害就随之显现。毒品不仅损害吸食者的身心健康，还祸及他们的家庭，而且，毒品产生的一系列问题危及国家安全、社会治安、公共卫生、经济发展、民族繁衍。

正因如此，我国法律对哪些物质被视为毒品作出了专门规定——被国家规定管制的那些成瘾性物质。

同学们，听完了毒品家族的“自白”，是不是让你顿觉毛骨悚然，谈“毒”色变呢！让我们一起来看看可恶的毒品家族是如何侵蚀、摧毁人体健康的，我们一起来一一历数它们的罪恶行径吧！

**《中华人民共和国禁毒法》第二条规定：**

本法所称毒品，是指鸦片、海洛因、甲基苯丙胺（冰毒）、吗啡、大麻、可卡因以及国家规定管制的其他能够使人形成瘾癖的麻醉药品和精神药品。

## 课后思考

1. 毒品的来源有哪些呢？

2. 毒品和药品是什么关系？

3. 被归为毒品范围的物质有什么共同的特点？

POLICE
珍爱生命 远离毒品
禁毒知识小课堂
参考教具
酒
K

# 第二课　毒品危害要知道

毒品为什么“毒”？

我们常常会听到、看到这么一句话：“毒品毁灭自己、祸及家庭、危害社会！”

小小的一粒药丸，一小撮粉末，一支烟，一小瓶水，甚至一颗像巧克力的糖果……有那么大的威力吗？世界真奇妙，不看不知道，看了吓一跳。

毒品的威力啊，要先从它具有的“让人上瘾”这个特性说起……

瘾的表现

# 一、吸毒会上瘾吗？

北京市网信办联合北京市禁毒教育基地管理中心、首都互联网协会等单位联合发布《毒品易感人群搜索大数据分析报告》，手机百度、禁毒教育高校公益联盟也积极参与数据统计。这份报告有个惊人的发现，“90后”和“00后”通过百度搜索与禁毒有关的问题中，“吸毒会上瘾吗”这一问题排在了第五位！

生活中我们将成瘾通俗地称为“上瘾”，如吸毒上瘾、抽烟上瘾、喝酒上瘾、打游戏上瘾、上网上瘾、购物上瘾，等等。什么是成瘾？成瘾是指个体不可自制地反复渴求从事某种活动或滥用某种物质，虽然这样做会给自己或已经给自己带来各种不良后果，但仍然无法控制地持续重复去做。成瘾包括物质成瘾和行为成瘾，在众多的成瘾物质中，危害最大的就是毒品。

请列出你所知道的能让人成瘾的物质

世界卫生组织把具有成瘾性并能导致人滥用的精神活性物质分成了八大类，包括：

1. 阿片类
2. 可卡因类
3. 大麻类
4. 苯丙胺类
5. 致幻剂类
6. 酒精–抑制剂类
7. 挥发性化合物类
8. 烟碱类

在世界卫生组织列出的种类里，大部分是我们在第一课中了解到的毒品。不过，酒精、烟草等虽然没有被我国法律管制，但其实它们也是能让人上瘾的精神活性物质。还有的人对汽油、香蕉水、“笑气”这类物质有特别偏好，需要定期吸入，欲罢不能。一定会有同学问，“笑气”是什么东西？这个嘛，我们在后面的一课中要专门讲到，敬请期待喔！

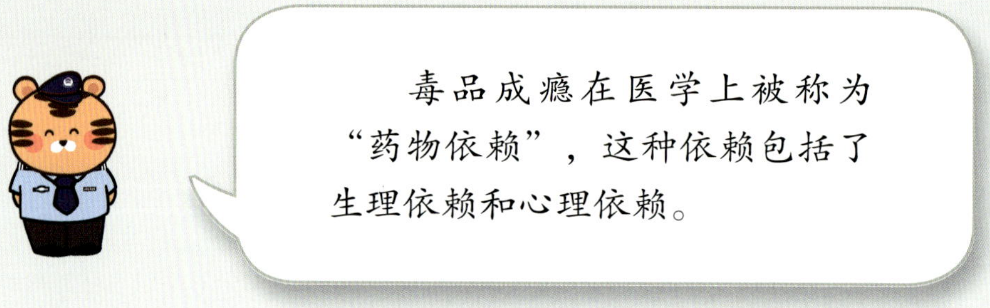


生理依赖也叫身体依赖，主要表现为身体上出现的变化。由于吸毒者长时间、反复多次地使用毒品，导致身体发生了变化，需要吸食者一直使用这种毒品，才能维持肌体的基本生理活动，否则就会产生一系列机能紊乱和损害的反应。而且，毒品具有药物的耐受性，随着吸毒次数的增多，只有不断增加毒品用量才能达到原有的效果，一旦用量不够或停用，人的身体就会像生病了一样难受，出现一系列戒断症状，如失眠、流泪、呕吐、腹泻、头痛、抽搐、休克等。

心理依赖也叫精神依赖，俗称“心瘾”，指的是多次使用某种毒品后，该毒品会作用于人的中枢神经系统，让人产生对毒品的强烈渴求。这种渴求会迫使吸毒者不顾一切去寻求毒品，来获得心理上的满足和避免精神上的不适。比如，多次使用冰毒以后，冰毒就会对人体的中枢神经系统产生作用，让中枢神经系统发出信号：“我超级想冰毒，没有冰毒我就受不了。”在这种信号的驱使下，吸毒者不顾一切地去寻找冰毒，来获得吸食后心理上的满足。

要摆脱毒瘾实际上是要解除毒品带来的生理依赖和心理依赖。科学家们一直在努力地研制戒治毒瘾的药物，帮助吸毒成瘾者摆脱毒品的控制。目前来看，大部分的生理依赖通过药物和康复治疗能够解除，但人对毒品的心理依赖仍然是摆在世界各国面前的难题。所以，不想被毒品摆布，最佳方法就是从不使用它。

# 二、毒品之毒——让吸毒者身心俱损

## 黑镜头 1

一名年轻的大二女生，因为高中时与男友吸食了毒品，导致她现在得天天包着尿布。她勇敢地把自己的经历发到网上，是为了警醒世人，希望大家了解毒品的危害！

年仅 19 岁的小 A，这一年来饱受尿频尿痛的困扰，平均每十分钟就要去一趟厕所，每次的排尿量很少，但不去又会尿感难忍，甚至小便失禁。每次出门，她都得背上一大包尿不湿，而且不敢喝一口水，既痛苦又尴尬。

一开始，小 A 以为是自己的肾和膀胱出现了问题，然而她辗转多家医院，甚至连偏方都尝试了，也不见好转。此时，她才意识到——这可能是自己长期吸食毒品的后果。于是，小 A 瞒着家人来到戒毒医院求诊。经过膀胱造影等检查，医生发现她的膀胱容量只有 30 毫升，而正常人的膀胱容量一般有 400–500 毫升，所以极少量的尿液就能让她产生强烈尿意。

你知道是什么毒品让小 A 的膀胱容量降低到这么少吗？

警示

“拉 K”一时，尿布一世！

这一切的罪魁祸首就是——氯胺酮！也就是吸毒者所说的“K 粉”。吸食“K 粉”，会产生意识与感觉分离的幻觉，对心肺和大脑造成损害，吸食过量甚至会导致死亡。氯胺酮破坏膀胱黏膜，长期使用会导致膀胱壁增厚容量变小，严重时容量降低至正常人的十分之一，直接的后果就是尿频（一天小便 30 次至 50 次）、小便疼痛、血尿、下腹部疼痛，有些吸食者甚至终身与导尿管和尿布相伴，生活质量严重下降。

对此有切身体会的吸食者如此描述：“尿很急，每次上厕所都像上刑一样钻心的痛，却根本尿不出多少。可不去厕所的话又忍不住，就好像膀胱快憋炸了一样。”

## 黑镜头 2

那天是 11 月 13 日，家住厦门某广场附近的王雪（化名）发现儿子的手抖得厉害，精神也有些恍惚，随后她在家里发现了上百个“止咳水”空瓶。从儿子口中得知事实的那一刻，她顿时血压上升，晕倒在地上。

王雪的儿子今年 29 岁，之前在海外留学时得了肺结核，23 岁那年回国后就一直在家附近的一家诊所定期打吊瓶。期间，诊所老板向王雪的儿子推荐了一种“止咳水”，“就是那种‘联邦止咳露’，诊所老板还教我儿子用这种药水加可乐喝，然后他慢慢就上瘾了”。“联邦止咳露”刚开始很有效，但王雪的儿子渐渐离不开它，喝的量也越来越大，一天要喝十几瓶，不喝就不舒服。然而，要买这种药水，只有找那家诊所老板。“刚开始一瓶卖三十几元，后来卖到一瓶55元，还推荐了一种叫‘立健亭’的‘止咳水’。120瓶药，十来天就喝完，兑着可乐就像普通人喝水一样，每天从早喝到晚。这是看病还是要命啊？”王雪说，“我的孩子现在已经喝掉半条命了！”长期大量饮用这些“止咳水”，对她儿子的身体造成了严重危害，“肚子和十月怀胎一样大，大小便很困难，肝肾损害也很严重，精神方面也有影响”。6年时间，为了购买“止咳水”，王雪儿子已经花掉了几十万。①

① 29岁男子喝“止咳水”上瘾 6年花掉几十万元．人民网健康卫生频道．http: //www.people.com.cn.

含可待因成分的复方口服液体制剂（右图），俗称“止咳水”，是我国管制的第二类精神药品，长期、大量服用容易上瘾。过量滥用止咳水会导致抽筋、神智失常、中毒性精神病、昏迷、心跳停止及呼吸停顿，引起窒息死亡。长期、无节制地滥用止咳水会对人体的肾脏、肝脏等脏器以及神经系统造成损害，出现内分泌紊乱、低钾血症、便秘、恶心、情绪不稳定、睡眠失调、记忆力下降、反应迟钝、癫痫、神志不清等症状，严重的会产生幻觉和妄想，导致行为失控。

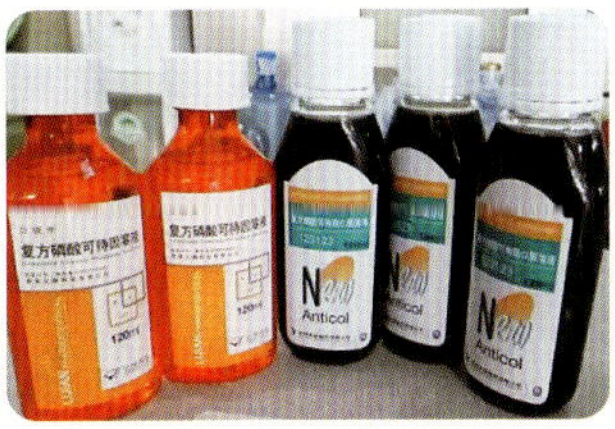

## 考考你的知识面

毒品直接损害吸食者的身心健康，甚至危及生命。请在下图中，将你认为吸毒后人体可能遭遇受损的器官标出来。你可以寻求老师、父母或者网络的帮助来完成。

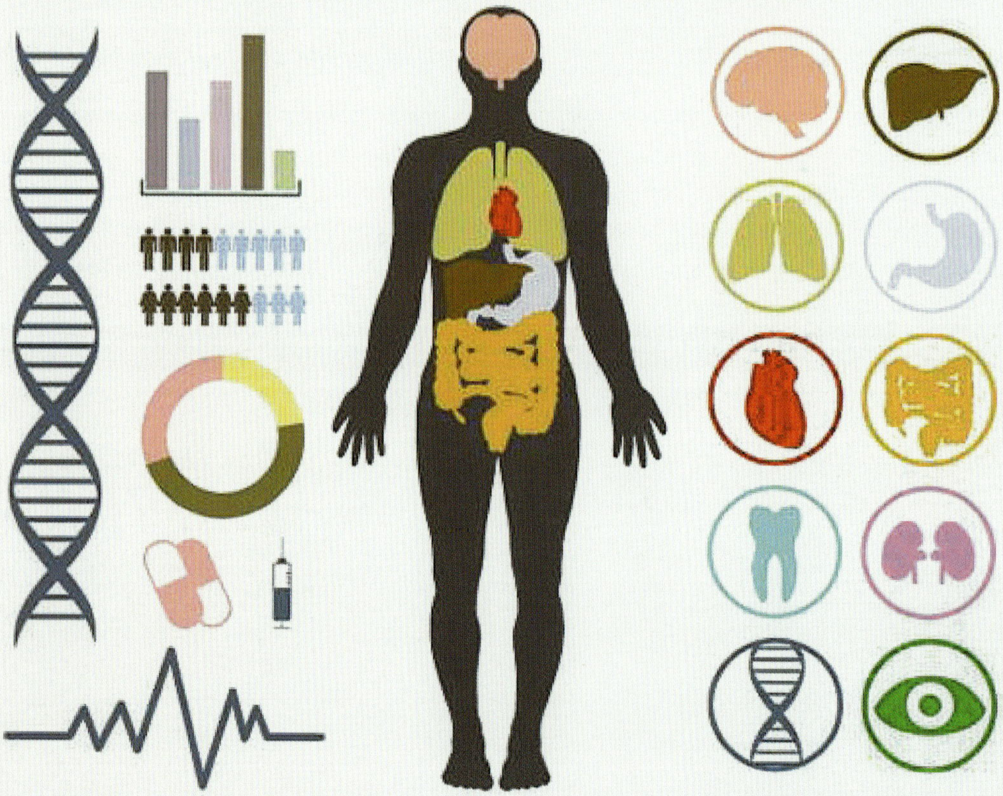

## 敲黑板 划重点

毒品为什么毒？因为它使吸毒者身心俱损。

毒品损害人的中枢神经系统、消化系统、呼吸系统、心血管系统、生殖系统、免疫系统，各个脏器几乎无一幸免。一旦免疫系统受损，人体对疾病的抵抗力就大大降低，容易感染各种传染性疾病。

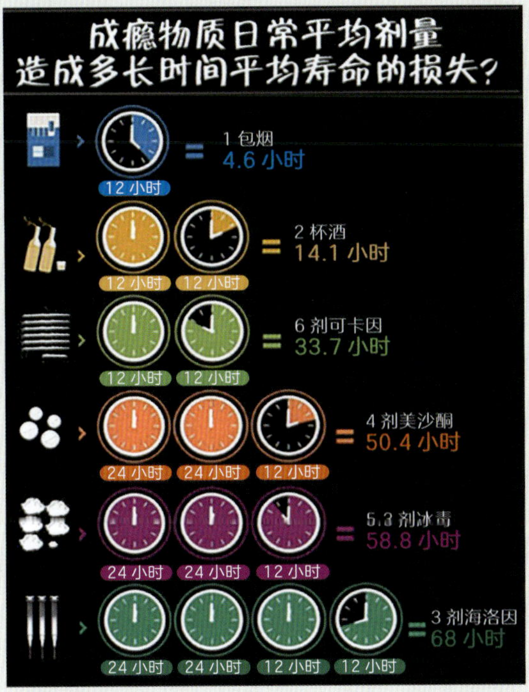


已有的研究表明，吸毒者的平均寿命较一般人群短 10 年—15 年；25% 的吸毒者开始吸毒后 10 年—20 年内死亡；吸毒人群的死亡率比正常人群高 15 倍，其中 75% 是 25 岁以下的年轻人。

毒品改变人体大脑中部分化学物质的结构，使人智力衰退，易患精神疾病，人格和认知也发生变化。

# 三、毒品之毒——不能承受的家庭之痛

## 警情速递

2020年4月13日晚上，广东省湛江市徐闻县公安局公安抖音平台上出现了一位网友的留言："我爸吸毒，你们能派人来把他带去改造吗？他早上也吸，中午也吸，晚上也吸，太可怕了！他没有毒资去购买毒品就威胁逼迫妈妈给钱……"这位举报父亲吸毒的网友叫小烈，今年19岁。警方根据他提供的家庭地址很快将吸毒者陈某控制。公安民警在出发之前特意提醒小烈把家里的水果刀藏起来，这是为了保障抓捕过程中的安全，否则吸毒者可能用来行凶和自残。

**想象一下，如果你是小烈，你的内心感受是怎样的？你会怎么做？**

在这里，写下你的真实想法

## 黑镜头 3

2013 年 6 月 21 日 9 时许，南京市江宁区麒麟派出所社区民警上门走访辖区住户乐燕（化名）时，发现家中无人应答，乐燕手机处于关机状态。社区民警觉得事有蹊跷，便叫来锁匠将门打开。令人震惊的一幕出现了：两名幼女一个在门边，一个在床边，均已没有呼吸，她们正是乐燕 3 岁和 1 岁的女儿。法医鉴定认定，两名女童因为饥渴而死，尸体呈风干状态，内脏已分化消失，死亡已超过两星期。我们不禁要问，两个孩子的家人呢？为什么两个星期没有人来照顾她们？

经过警方调查发现，饿死两名女童的亲生母亲正是乐燕。

乐燕为非婚生子女，自幼由其祖父母抚养，16 岁左右便离家独自生活，有多年吸毒史。2011 年，20 岁的乐燕与男友李某同居，共同抚养两个女儿。2013 年 2 月，李某因犯容留他人吸毒罪被判有期徒刑 6 个月，乐燕作为两个女儿的唯一监护人，独自在家照顾孩子。4 月下旬的一天下午，乐燕为两个女儿预留少量食物、饮水后，用布条反复缠裹窗户锁扣并用尿不湿夹紧主卧室房门后，留下两个女儿自己离开了。此后，乐燕多次从社区领取救助金用于在外吸食毒品、打游戏机和上网，直至 6 月 21 日案发都一直没有回家。

2013 年 9 月，南京市中级人民法院以故意杀人罪，一审判处饿死两个女儿的母亲、吸毒女乐燕无期徒刑。①

---

① 乐燕故意杀人案 . 中国法院网 (https://www.chinacourt.org/).

## 黑镜头 4

2019 年 2 月 21 日，江西南昌市发生了一起吸毒致幻杀人的案件。凶手王某是一个有近十年毒龄的“瘾君子”，长期吸食冰毒导致他性格抑郁、脾气暴躁，与家人关系紧张。2019 年 2 月 20 日，已连续 3 天吸食了冰毒的王某还在网吧内通宵玩网游。21 日凌晨，王某离开网吧回家，因为进屋时动静比较大，将家人吵醒了。王某母亲便来到王某房间呵斥他。听见母亲的呵斥声，王某耳边响起了网络游戏里的提示音：“开始人类清除计划！杀人游戏开始！”王某按照幻觉里的指示音，跑到厨房拿起一把刀朝母亲的左颈部划了过去，因为用力过大，刀柄和刀刃都分开了。王某母亲受伤后往楼下边跑边呼救。王某父亲听到求救声后，从房间跑出来，斥责王某没有人性。尚在幻觉中的王某，压根不知道所谓的“敌人”就是自己的父母，又找来一把刀将父亲的手部和脸部划伤。随后，王某妹妹赶了过来，质问王某怎么做出这样荒唐的事情。王某又用菜刀划伤了妹妹的右脸颊。这时，王某听到儿子小天的哭声，他拿起客厅茶几上的水果刀走进卧室。儿子叫了几声爸爸，却没能叫醒被毒品控制的王某，仍处于幻觉中的王某继续“执行人类清除计划”，他抱起儿子，用刀割儿子的颈部，随后又在儿子身上捅了几刀，致使儿子当场死亡。王某行凶后离开家跑到外面的马路上，被赶来的警察抓获。事发时，王某妻子并未在家，但后来因为承受不了打击，精神近乎崩溃。[①]

① 江西高院公布十大涉毒典型案例：父亲贩毒吸毒，致幻后杀子. 澎湃号·政务. 澎湃新闻 –The Paper.

# 把思考带回家

两个沉重的案例讲完了，你从案例中看到了什么？

是的，我们看到因吸毒致幻举起刀砍杀自己亲人的“疯子”，我们看到对孩子不闻不问冷漠自私的父母，我们看到家庭的分崩离析，看到无辜生命的逝去。还有，那些因吸毒耗尽家财跌入贫困的家庭，那些缺少父母照顾而失学的孩童，那些因母亲吸毒呱呱落地时就带有生理残缺和毒瘾的婴儿……这一切一切的背后，写着两个字——毒品。

毒品给我们这个社会带来了哪些危害？把这个问题带回家，和父母一起讨论吧。记得写下讨论的结果，做一个书面的小报告，回到学校和老师同学们分享哦。

## 课后思考

1. 毒品为什么会让人上瘾?

2. 毒品对吸毒者的身体造成的损害有哪些?

3. 毒品给吸毒者的家庭带来了哪些伤害？

禁毒小课堂

禁毒小课堂

POLICE
I= ?
I=N

# 第三课 吸毒诱惑能分辨

1= ?

1=N

这就是毒品的罪恶诱惑，它会让人跌入深渊。

尝试了第一口，就会有第二口、第三口……第 N 口

那么，“第一口”是怎么发生的呢?

止咳水之怨

# 一、案情诊断

## 案情：高中生阿杰的自述

上高中时我接触了止咳水和大麻，之后整个人都变了。

那年我考上当地一所重点高中，是父母、老师眼中的佼佼者。但入学后，我感到难以适应学习节奏，而且周边都是比我优秀的同学，我很焦虑又毫无办法。第一学期期末考试成绩出来了，曾经被称为学霸的我排名在班上的中后段。我的父母责备我不够努力，要求我停止所有的业余爱好把成绩补上去。我觉得他们不能理解我心里的难受，也懒得和他们说。这样的状态又持续了半个学期后，我越来越学不进去，变得很抵触上学。

我渐渐有点自甘堕落，上课不听讲，跟一些成绩同样不好的同学混在一起，学会了抽烟喝酒。我通过他们认识了另一所高中的一位“大哥”。有一天，这位“大哥”说要带我们好好放松一下。他到药店买了两瓶联邦止咳水，一板曲马多，一板右美沙芬，一包烟还有四瓶可乐。

“大哥”把止咳水兑到可乐里面，让我们喝下去，说非常刺激。一开始我不太敢喝，觉得这事儿不怎么靠谱。但是一起去的几个同学当场都喝了，还笑我胆小、没性格。“大哥”对我说：“放心喝吧，没事，就是一种新式的勾兑饮料。喝完你就知道有多好了，哈哈哈……”当时我被同学刺激了，而且也想体验下这种饮料究竟好在哪里，就一口气喝下一大杯可乐勾兑的“止咳水”，然后抽起烟来。

没过多久，我感觉整个人都轻飘飘的，手软脚软，脑子有点兴奋，很想说话，感觉真的挺放松的。第二天睡醒后我恢复了正常，也没啥不舒服。于是，我心里便惦记着那种感觉，很想再体验一下。

“大哥”似乎看懂了我们的心思，过了两天又带着我们一起喝“止咳水”。我还认识了一群“邦友”（喝“联邦止咳水”的朋友），大家一起玩，一起喝。起初喝得不多，几个人喝一瓶，每次喝感觉都很兴奋。

除了喝“止咳水”，我还跟着“邦友”逃课，在校外通宵上网。有一次，我在网吧里上网时，“大哥”给我们带来了电子烟。他说这种“上头电子烟”比平时抽的香烟更有劲，而且还有很多口味可以选择，是酒吧里非常时髦的玩法，让我们尝尝鲜。这一次我没有一丝犹豫，挑了一支香草味的“上头电子烟”抽了起来。很快，我就体验到了上头的感觉，整个人轻飘飘的，眼前的世界变得色彩鲜明亮丽，似乎人也变得放松和自信了。后来，我才听一个“邦友”说，那个电子烟里面其实加了大麻，我们抽的是大麻电子烟。

自那以后，我把父母给的零花钱绝大部分花在了买“止咳水”和“电子烟”上。学校和老师已经警告过我好多次了，还让父母带我回家教育教育，否则就休学。父母当时还不知道我在玩这些东西，只知道我不求上进，整天跟损友混在一起。我爸狠狠地揍了我一顿，可我根本没有悔改之意。在家里的那段时间，因为父母要上班，白天我就溜出去玩，到网吧里和“邦友”们喝“止咳水”、抽“电子烟”、打游戏。

零花钱不够的时候，我还悄悄拿家里的东西去卖过，70克的铂金卖了两万多元。那种感觉特别难受，我知道这是错的，却没有办法控制自己。那时候，我已经意识到自己上瘾了，无论怎么都摆脱不了，而且，这个“瘾”正在慢慢腐蚀我。

我最疯狂的时候，曾经三天三夜不睡觉，不断地喝“止咳水”，抽“电子烟”，白天跟朋友厮混，晚上就躲在被窝里打游戏。到后面，我明显地感觉到自己出现了幻觉，思维有点不受控。我心里害怕了，药效一过就赶紧蒙头大睡。睡醒之后精神恢复正常了，但我遇到了大问题，明明憋得难受，但我尿不出来。爸妈把我送去了医院。

在医生的处理下，我终于尿出来了，但我吸毒的事也瞒不下去了。我只能向父母坦白，向他们忏悔。父亲自然暴跳如雷，在医院当着很多人的面打我，我自知自己错了，也没有还手。

可能你们会觉得我假惺惺，但我当时真的后悔了，我想戒掉，不想再活得人不像人、鬼不像鬼了。自从接触了“止咳水”和“电子烟”后，我整个人都变了，每天为了这些东西活着，清醒的时候就想尽办法搞钱去买“止咳水”，心情不好、情绪低落时就依靠大麻电子烟来逃避。

父母虽然生气，但毕竟我是他们唯一的儿子。他们带我到医院治疗，最终戒除了毒瘾。出院后，我父母决定让我重读高中，并换了一所学校。现在，我的成绩在年级中上游，比之前好多了。以前的“邦友”我再也没有接触过，听说他们有的犯事被抓了，我庆幸当时及早迷途知返。

现在想起来，我对这样的生活仍感到十分害怕。我想告诉大家，每一个成瘾者的家庭都是一个悲剧，想要看到光明，只能自救，一定要戒，而且要彻底戒断心瘾，不要逃避。

## 初步诊断

这是一个真实的故事。故事的主人公阿杰从一名学霸慢慢变成被毒品控制的成瘾者，在这个过程中，到底是哪些因素促使他去尝试了毒品呢？请在下列选项中勾选出你的判断。

- ☐ 对新鲜事物的好奇心
- ☐ 爱赶时髦
- ☐ 喜欢刺激
- ☐ 不能承受学业压力
- ☐ 和父母缺少交流沟通
- ☐ 结交了有不良行为的朋友
- ☐ 不认识毒品，被骗了

- □ 逃课
- □ 抽烟酗酒
- □ 去网吧打游戏
- □ 不爱学习
- □ 自控力太差
- □ 害怕被小伙伴嘲笑
- □ 没有保护自己的意识

## 层层分析

来，我们一起抽丝剥茧帮阿杰分析分析。

### 好奇心 + 寻求刺激的心理

有好奇心好不好？好。好奇心是人类的天性，正是因为好奇心，人类才不断地去发现世界、认识世界、探索世界，创造出了灿烂的文明。著名的英国哲学家弗朗西斯·培根说：“知识是一种快乐，而好奇则是知识的萌芽”。伟大的科学家爱因斯坦说：“好奇心是科学工作者产生无穷的毅力和耐心的源泉。”但是，你知道吗？人的好奇心有健康和不健康之分。健康的好奇心能帮你消除无知，让你发现奇迹；而不健康的好奇心则会使你误入歧途。阿杰在面对“止咳水”时产生了不健康的好奇心，虽然感觉有点不太靠谱，但又想知道喝下之后到底有什么刺激的感觉，在不健康的好奇心和寻求刺激的心理驱动下，他接过了那杯“特别”的饮料。

慢着，有同学会问，如果阿杰知道“止咳水”会让人上瘾，或许他就不会喝了。是的，这就是我们要分析的第二个关键点。

分析 1

## 对毒品的无知＋轻信＋赶时髦心理

“这是新饮料，网上都有卖的，不是毒品。”

“这种烟喷出来是五颜六色的，就是好玩啦，抽一两次不会上瘾的。”

“‘K粉’不会上瘾，我都玩过好多次了，不也没事？”

“摇头丸能减肥，还能带你飞，come on！”

“有的明星就是靠吸大麻烟找灵感呢。”

……

这些话是真还是假，你能分辨吗？你靠什么分辨呢？

这些都是诱惑人尝试毒品的谎言！

阿杰轻易地相信了“大哥”说的“喝止咳水兑可乐没事”，尝试了“第一口”毒品。在网吧里，阿杰再次相信了“大哥”说的“电子烟”很带劲，是酒吧里的“时髦玩法”，又尝试了“第一口”大麻。阿杰为什么相信“大哥”？因为他不知道止咳水虽然是一种药，但不为治病纯属娱乐地服用这种成瘾性药物很容易让人上瘾。阿杰也不知道在一些娱乐场所出现的“电子烟”里实际被掺入了让人上瘾的合成大麻素。缺少必要的对毒品的了解，让阿杰没法分辨“大哥”说的话是真还是假；不了解毒品给身体带来的危害，让阿杰轻易地以身试毒。何况，赶时髦、扮酷对青少年来说还是有不小的诱惑力呢。

“上头电子烟”含有的成分与普通电子烟有本质上的区别。普通电子烟的主要成分是水、丙二醇、甘油、尼古丁和调味剂等，而这种“上头电子烟”被不法分子掺入了合成大麻素类物质，近几年还出现了掺入依托咪酯这种麻醉剂的“上头电子烟”，对人体危害极大。吸食“上头电子烟”就是在吸食毒品。

那么，问题来了，如果没有“大哥”，阿杰是不是就没有那么容易接触到毒品呢？

分析2

# 二、阿希从众实验

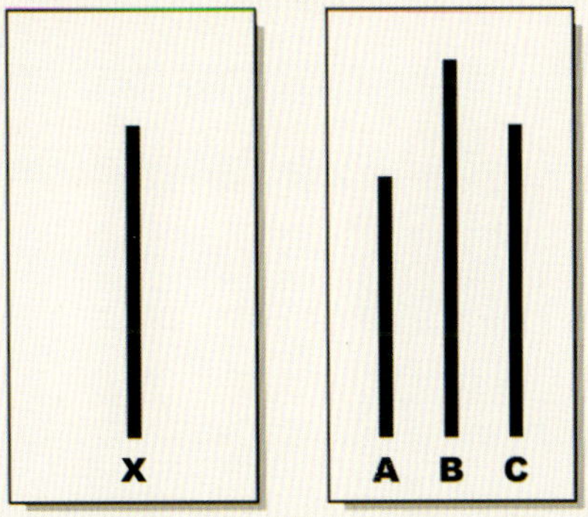


右图中哪条直线的长度和左图中的直线长度一样？

你的回答一定是 C，因为这太明显了。可是，当很多人一起来回答时，结果就未必了哦。

1956 年心理学家阿希做了一个实验。他以大学生为被试对象，每组 7 人，坐在一排，其中 6 人是实验者的助手，只有一位是真正的被测试者，但被测试者并不知道其他 6 人的身份。实验开始之后，实验者向所有人展示了一条标准直线 X（上图），同时向所有人出示用于比较长度的其他三条直线 A、B、C，其中有一条和标准直线 X 长度一样。然后让所有人（其中包括 6 位助手和 1 位真正的被测试者）说出与 X 长度一样的直线。实验者故意把真的被测试者安排在最后一个，前面 6 位都是由实验者的助手伪装的，都会按照事先的要求说出统一的错误答案 A 或者 B，最后由真的被测试者判断哪条直线和 X 长度一样。实验结果是被测试者做出的回答中，有 37% 是遵从了其他人意见的错误回答，大概有 3/4 的人至少出现了一次从众，大约有 1/4 的人保持了独立性，自始至终选择了 C。

## 结交有不良行为的朋友 + 从众心理

阿杰是怎么认识“大哥”的呢？没错，学校的小伙伴介绍的。这些小伙伴们在一起都玩什么呢？抽烟，喝酒，逃课，网吧里打游戏。在小伙伴的影响下，阿杰渐渐放松对自己的要求，出现了一些不良行为。古人云“近朱者赤，近墨者黑”，讲的就是这个道理。国内的研究者们经过调查，发现了一个特别突出的现象：80% 以上的青少年第一次尝试的毒品是朋友提供的，而且往往是免费的！所以，跟什么人做朋友可是一件顶顶重要的事呢。

其实，一开始阿杰还是有些不安的，但当身边的朋友都这么做的时候，为了融入这个圈子，他没有拒绝参与，反而用“要做一起做”的方式去维持“友谊”。所以，当阿杰在喝不喝“止咳水”这件事上犹豫时，他没有扛住小伙伴们嘲笑的压力，没有坚决地说“不”。想一想，生活中我们是不是曾经有过相似的心理和行动呢？这就是从众心理。

分析 3

## 没有正确面对挫折

曾经表现优秀的阿杰为什么不再专心于学习，转而结交有不良行为的同学？从他的自述中，我们可以发现学业不利带给他极大的压力，成绩的下滑让这位学霸体会到了从未有过的挫败感。阿杰经历了从学起来吃力到害怕学习，再到抗拒学习的过程，在压力面前他感觉焦虑和无能为力，最终向困难投降，自我放弃。也就是说，因为害怕挫折和失败，又找不到正确面对的方法，所以阿杰和一些同样成绩不好的同学混在一起，躲进了一个看上去没有压力的“朋友圈”。

在我们漫长的一生中，必然会遭遇许许多多不同的挫折和困难，用积极乐观的态度面对，挫折和困难便会被勇气打败；用消极悲观的态度逃避，我们就会被挫折和困难吞噬。

### 分析 4

想一想，你知道的正确面对挫折的名言有哪些？

## 得不到父母的理解

阿杰的父母爱他吗？爱。

阿杰的父母理解他吗？不理解。

为什么爱他却又不理解他？因为在爱和理解之间缺少了一个重要的桥梁——沟通。

如果阿杰在感受到学业上的压力时，能够将自己内心的焦虑、苦恼、害怕告诉父母，情况会不会不一样？如果阿杰在第一次喝了“止咳水”后，能够如实地向父母坦白、寻求帮助，他就不会在吸毒的路上越走越远，直至上瘾。

父母是我们人生旅途上的第一位老师，也是我们从幼年到成年期间的监护人，他们用自己的爱护佑着我们慢慢长大。可是，进入初中阶段后，为什么有的同学觉得父母越来越不理解自己了呢？不是父母变严厉了，而是我们和他们的沟通变少了。亲爱的同学，用恰当的方式与亲密的家人沟通，是我们一生需要学习和提高的技能哦。

**分析 5**

**总结一下我们平时和父母沟通的方式有哪些，哪些是有效的良好的沟通，哪些是无效的甚至糟糕的沟通？**

## 画出推演图

经过我们的层层分析，阿杰尝试第一口毒品的原因找到了。现在，请你把促使阿杰吸毒的多种因素用推演图画出来。

## 把思考带回家

如果在阿杰刚刚接触毒品的时候，我们有机会帮助他，你认为可以有哪些方法？带着这个问题回家和爸爸妈妈一起讨论，共同制订出营救阿杰的方案吧。

## 课后思考

1. 尝试第一口毒品的原因有哪些？

2. 我们要怎么做才能不被“试一口”的念头诱惑？

禁毒小课堂

禁毒小课堂

POLICE

# 第四课 毒品伪装巧识别

同学们，在第三课的学习中，我们分析了阿杰吸毒的原因：不健康的好奇心、寻求刺激、爱赶时髦、对毒品无知、轻信他人、抗压能力弱、结交不良行为朋友、从众心理……青少年接触、使用毒品，往往是由以上多种原因共同导致的。要抵御毒品的诱惑、拥有健康的生活，最重要的就是让自己变得强大，不被骗、不被引诱、不被他人左右，能够用自己的知识和能力作出独立判断，善于处理危及自身安全的情形。因为，我们的人生要由自己来掌控，我命由我不由“毒”。

作为资深高手，今天我来教大家一套集各家之长的“武功秘籍”，帮助同学们练就一身识毒、防毒、拒毒的“神功”。

“美丽”的外衣

# 一、第一阶：火眼金睛

《西游记》里孙悟空的一双火眼金睛帮助唐僧师徒四人渡过了许多难关，取经路上各路妖怪千变万化来蛊惑众人，但在“齐天大圣”的火眼金

“曲奇饼干”

“果冻”

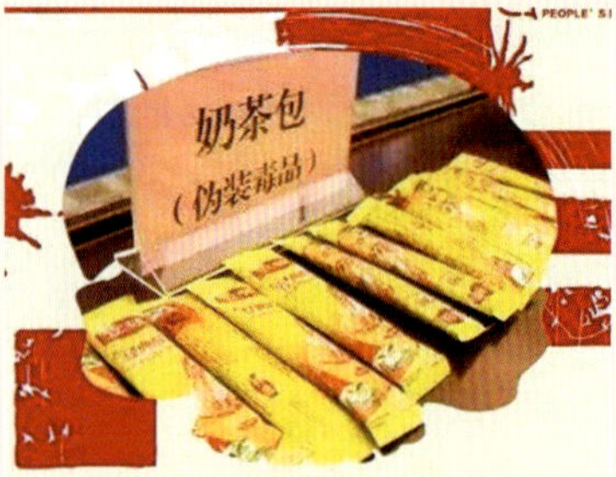

“奶茶”

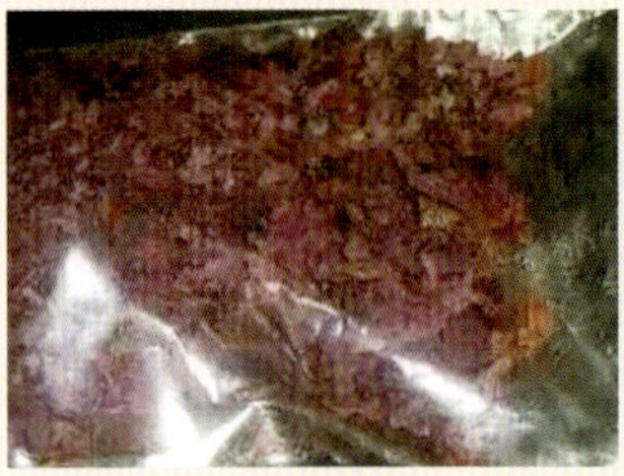
“干花”

“小熊饼干”

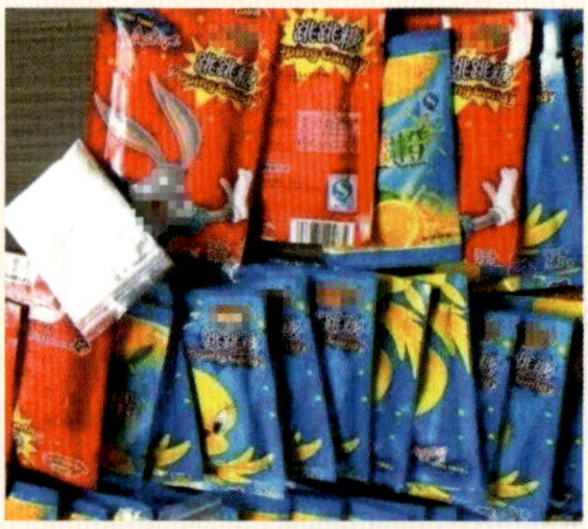
“跳跳糖”

“巧克力”

“可乐”

“咖啡”

睛之下都原形毕露啦。现实生活中，毒品也有七十二变，我们以前了解的常见毒品也会变装易容，换成另外一张面孔出现。所以，拥有一双识别毒品的火眼金睛是我们修炼的第一阶。

大家能认出以上的图片是什么吗？

这不就是“咖啡”“奶茶”“跳跳糖”“干花”“果冻”“巧克力”“小熊饼干”“曲奇饼干”“可乐”嘛！咳咳，不要过于相信你的眼睛哟！有时你也会被自己的眼睛所欺骗，这些食品和饮料可不那么简单，它们是毒品“易容界”的翘楚！

我们一一来戳破它的伪装。

此“可乐”非彼可乐，这种小瓶装的可乐并不是我们所认识的品牌饮料，而是在娱乐场所内流行的一种含有“K粉”成分的液体毒品，也叫“开心水”。它们有时还会穿上“保时捷”等奢侈品牌的外衣，让人误以为是高档饮品。

此“咖啡”“奶茶”也非彼咖啡、奶茶，里面早就被调包成了毒品，其中混杂着冰毒、摇头丸或者“K粉”，冲泡之后甚至还会发出咖啡、奶茶的香味，诱人尝试。还有我们的怀旧零食跳跳糖，早前风靡大街小巷，好吃又好玩，如今也难逃厄运，成了毒品伪装的外衣。

图片中的“干花”里实际含有合成大麻素，这是一种和天然大麻效用类似的毒品，它一般被卷入香烟或磨成粉用香烟蘸吸，已经在国内多个地方出现了。还有这两年流行的电子烟的烟油里也被毒品犯罪分子掺入了合成大麻素，所以啊，抽含有合成大麻素的电子烟其实就是在吸毒！

除此之外，曲奇饼干、小熊饼干、巧克力、果冻……这些我们平时最爱的零食都有可能被掺入了毒品。

那么，问题来了，是不是我们从此不能吃这些零食，喝这些饮料了呢？NO, NO, NO！虽然毒品被伪装成日常生活中的食品饮料甚至用品，但是这种“披着羊皮的狼”往往出现在“特别的场所”里的“特别的人”手中。

我们要做的是，保持对风险信号的敏感察觉，不接受来源不明的食品饮料，远离未成年人不该去的毒品易出没的风险场所，任毒品各种变身，我们不上套。

哪些信号是风险信号呢？这是第二阶要掌握的功夫了。

## 超级链接：“笑气”是个什么鬼？

这种银色的小瓶子（右图）里装的是一种叫作一氧化二氮的气体，在使用它的人群里，它被称为“笑气”。这是一种无色有甜味气体，带有麻醉效果。“笑气”早期被用于口腔科麻醉，因吸入后会令人发笑而得名。除应用于医疗，其还被作为汽车助燃剂、火箭氧化剂以及蛋糕店的奶油起泡剂使用。过量使用或长期使用“笑气”会产生心理依赖，并且带来以下危害：神经损害，出现精神疾病；脑部血管痉挛收缩，导致供血不足；导致瘫痪状态，无法正常行走，失去平衡感。按照我国的法律，“笑气”目前还没有被法律明确列入毒品管制目录，但它被列于《危险化学品目录（2015 版）》中，未经许可吸食和贩卖“笑气”属于违法犯罪行为。

# 二、第二阶：眼观六路

在防范毒品、保护自己的能力中，不仅仅要有识别毒品的火眼金睛，还需要观察与它有关的人和物，通过吸毒的工具和吸毒者特有的言行，捕捉到风险信号，及时地避开危险的人和环境。所谓眼观六路、耳听八方，说的就是观察与判断的功夫。

## 吸毒工具

### 1. 冰壶

吸食冰毒的工具

吸毒者把吸食冰毒称为“溜冰”“吹泡泡”，他们最常使用的工具被称为“冰壶”。冰壶有现成的玻璃制品，也有吸毒者用矿泉水瓶、饮料瓶自制而成。冰壶的壶盖上方插有两根吸管，一根插在壶里的水中，一根在水面上方。如果看到这样奇怪的瓶子，你的第一反应应当是——有人在吸食冰毒、麻古。

吸食“K 粉”的工具

### 2. 吸管、托盘和卡片

吸毒者把吸食“K 粉”称为“打 K”“拉 K”，借助的最主要工具是吸管，也就是我们平时喝饮料用的普通吸管。他们用卡片或类似卡片的工具把“K 粉”分成细条状，用吸管将粉末吸入鼻腔中。如果我们在某个场所内看到吸管和一些白色粉末，甚至同时看到了卡片和装白色粉末的盘子，这些物品就是在向你发出警戒的信号了噢。

吸食海洛因的工具

### 3. 打火机和锡箔纸

打火机和锡箔纸是吸毒者加热海洛因、冰毒的必备工具，没有锡箔纸的时候他们也会用不锈钢勺子来替代。生活中我们最常见到的锡箔纸是在香烟的内包装中，或者用来做烧烤食品的锡箔纸盘。当它们被以图片上的方式使用时，这次，你懂的。

### 4. 注射器

没错，这是我们在医院看见过的注射器，它最应该待的地方是医院和诊所。海洛因的依赖者发展到后期往往采用注射吸毒的方式，注射器就成为他们必备的工具了。

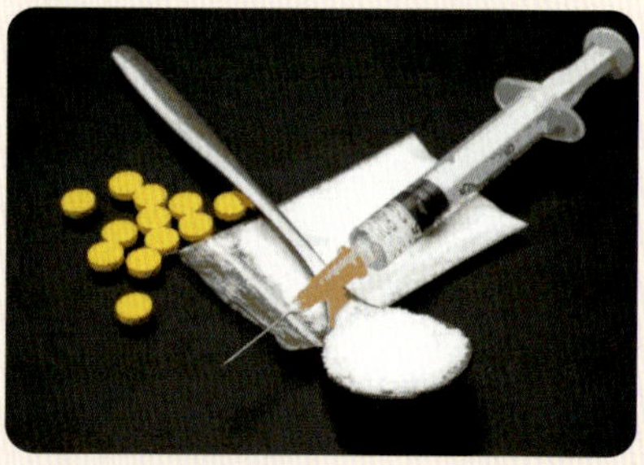

注射海洛因的工具

看到这里，我们不禁要问，难道每种毒品都要有专门的工具来吸食吗？肯定不是的。有的毒品直接口服，如摇头丸、“止咳水”；有的毒品含在嘴里，如LSD；有的毒品被制成了烟，直接抽吸，如大麻烟。没有出现特别的吸毒工具，那我们怎么去捕捉风险信号呢？

吸食“笑气”的工具

### 5. “打气”瓶

这种五颜六色长着两只角的瓶子就是“打气”瓶。吸食“笑气”的人用这种瓶子把“笑气”打入气球中，他们对着充了一氧化二氮的气球吹吸，称这种叫“打气”“嗨气球”。

## 吸毒者的身体特征和特殊言行

由于毒品对人的生理和心理造成了伤害，经常使用毒品的人无论身体或者精神都会发生变化，在身体上、言谈举止中有一些特别之处，因此，除了观察吸毒工具，还要观察身体特征和言行，从中我们也能发现一些风险信号。

选一选，以下哪些表现是吸毒之后的特征？

□ 眼神呆滞，或眼神特别兴奋

□ 手臂、脚背或者小腿上有针孔，皮肤上有硬块

□ 身体上某些部位皮肤溃烂，经常瘙痒

□ 宅家、不运动、不工作、睡眠错位

□ 情绪不稳定、坐立不安

□ 长时间持续地重复做一个刻板的动作

□ 有时会自言自语

□ 不喜欢和正常人交往、淡漠礼节

□ 听到激烈的音乐后不断的摇头，甩动脖子

□ 脾气暴躁、容易发怒

□ 摇摇晃晃、站立不稳、像醉酒的样子

同学们有答案了吗？其实啊，以上选项都是吸毒者在生活中表现出的较为明显的体征和言行。要特别注意的是，这些特征并不会全部出现在同一人身上，因为毒品种类繁多，吸食不同的毒品后外在表现也不完全相同。但是，如果你观察到眼前的人具备以上选项中三项以上特征时，那就要提高警惕了。此时，我们更要注意所处的环境、身边的物品，眼观六路，耳听八方，作出综合判断。

## 毒品容易出没的风险场所

练练你的眼力，圈出你认为可能有毒品出没的场所。

网吧

游戏厅

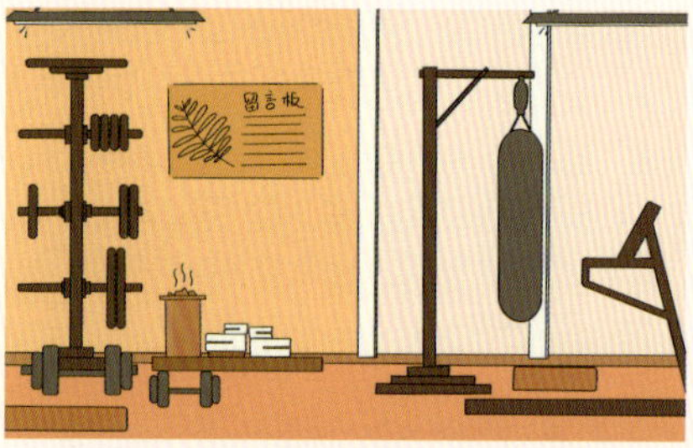


健身馆

图书馆

慢摇吧

酒吧

夜总会

KTV

### 1. 网吧和游戏厅

“嘻哈紫水”，不仅在夜店出没，还经常现身于网吧、游戏厅。要问它是啥？真实名称“止咳水”也。同学们都知道止咳水是一种含有可待因和麻黄碱的药品，长期服用会上瘾。在止咳水中兑入可乐或者雪碧，它就变身为紫色的饮料，成为所谓的“时尚饮料”——“嘻哈紫水”。

“嘻哈紫水”

盐酸曲马多，一种中枢神经镇痛药，凭医生处方才能买到的药也出现在了它不该出现的网吧中。

盐酸曲马多片

“钢子”说，他是2002年开始吃盐酸曲马多的。当时在网上认识的一个女孩子告诉他，吃这种药“好玩”“可舒服了”。刚开始他一次吃4片，吃了两回之后就没感觉了，然后他就加大了剂量，从几片到1盒、2盒、3盒、5盒……最多时一次吃过8盒，是正常用量的40倍。“吃完了有一种‘飘’的感觉，想啥有啥。”他说。“钢子”吃药上瘾后，又鼓动女朋友一起吃。他说，网吧里有很多中学生都吃这种药片。由于吃这种药让人特别兴奋，五天五夜不吃饭不睡觉也不饿不困，因此好多小女孩把它当减肥药吃。

依据我国法律规定，不允许18岁以下的未成年人进入网吧，成年人也要凭身份证才能进入。但是，仍然有一些网吧经营者为了利益，无视法律规定，变换花样吸引未成年人进去消费。同学们，保护自己的最佳方式就是遵守法律规定，不到法定允许的年龄不踏入网吧和游戏厅。

### 2. 酒吧、夜总会、慢摇吧、KTV

你以为“嘻哈紫水”和盐酸曲马多只在网吧售卖吗？

2012 年，沈阳禁毒部门曾经在对娱乐场所的多次检查中发现，被检查的 400 余人中，有超过一半的人在检查当日服用了盐酸曲马多或止咳水，其中年龄最大的 30 岁，最小的只有 14 岁，主要以 14 岁至 25 岁青少年为主。

你以为酒吧、夜总会、慢摇吧、KTV 这些娱乐里只有“嘻哈紫水”和盐酸曲马多吗？

“K 粉”、摇头丸、大麻、冰毒、“蓝精灵”、LSD 等各色毒品换了外包装在这里粉墨登场。伴随着激烈的音乐、麻痹中枢神经的酒水，在“朋友”“大哥”的劝说下，放松警惕的年轻人被引诱或欺骗，他们甚至不知道自己吃下去的小药丸、喝下去的饮料里实际含有毒品的成分。

“含在舌头下，舌头就会变蓝，还有泡在酒水或饮料里，会轻微泛起蓝色，味道有点苦。”“听说这玩意儿服用一粒后，就是挨一巴掌，你都可能不知道，第二天醒来时，大部分事情会忘记。对于女孩来说，喝了这种药，和裸体出行没差别，你在别人眼里，将没有任何秘密可言。”吃过“蓝精灵”的小兰如此说。

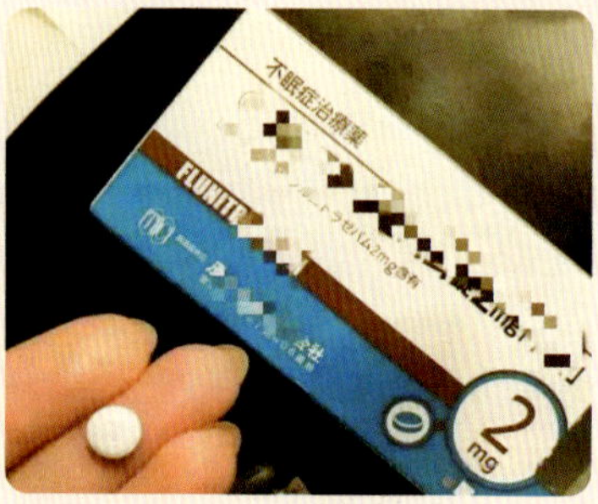

氟硝西泮（“蓝精灵”）

## 本阶秘籍

通过观察是否有吸毒工具和人的特别言行，能够发现可能吸毒的高风险人员。网吧、游戏厅和酒吧、慢摇吧、KTV 这一类复杂人员出入的娱乐场所是毒品出现的高风险地方。防范毒品的有效办法之一就是远离高风险人群和高风险场所。

# 三、第三阶：练就“神功”

我们在很多影视作品中看过，金刚不坏之体是少林的绝世神功，练此功后，人体外表如穿金甲，可抵御一切外力的袭击，刀枪不入，水火不侵。我们要练就抵御毒品的金刚不坏神功，就得从保持健康的生活习惯、养成良好的行为规范做起。

**为什么健康的生活习惯能帮助我们练就抵御毒品的神功？**

# 小宇的故事

小宇是一名初三的学生，但已经是一名有两年烟龄的烟民了。两年前，他在影视剧《古惑仔》中看到“浩南哥”吸烟，又帅又酷，觉得他们特别有男人味，对抽烟产生了一种莫名的好奇和向往。小宇的父亲是一名常年烟不离手的人，最喜欢做的事情就是在吃完饭后，慵懒地躺在沙发上，美美地来上一支烟，用小宇父亲的话来说就是：“饭后一支烟，赛过活神仙。”在小宇看来，香烟是父亲生活中不可或缺的必需品，而且这么多年也没有见父亲身体有什么大的毛病。有一天，小宇趁着父亲不在家的时候，偷偷拿了父亲的香烟，吞云吐雾了一番，“吸烟有害健康”被他抛到了脑后。

自那天后，小宇开始三天一支，到后来一天一支、一天三支……越来越多，难以自控。由于盲目“学习”抽烟喝酒，小宇也结识了一些社会上的“好兄弟”，他们常常逃课，一起分享从家里“偷”出来的烟酒。在心智还未完全成熟的小宇心中，这就是所谓的“有福同享、有难同当”的“兄弟义气”。

在一次“香烟分享会”上，一位新加入的“哥们儿”小心翼翼地拿出一包没有牌子的烟，神秘地说：“这东西，跟抽烟一样，但是一根可以顶一盒呢！大家都是兄弟，我才拿出来跟你们分享！”小宇因为经常吸烟，对这种一根能顶一盒的烟并没有太多的戒心，一群“志同道合”的“好哥们儿”迅速瓜分了这盒“顶级香烟”。品尝了“顶级香烟”后，寻常的烟在小宇那儿再也没有诱惑力了，他开始向这位“哥们儿”讨要“顶级香烟”，甚至提出花钱购买。最初这位“哥们儿”挺讲“义气”，没有收小宇的钱，但几次之后，“哥们儿”借手头紧为由，开始向小宇收钱。慢慢地，小宇感觉到自己不对劲，他越来越孤僻，经常莫名其妙的精神亢奋，有时又感觉异常疲惫，日益消瘦、精神萎靡，完全没有心思学习。最后，小宇父母发现了他的异常，送他去了医院，检查后，医生说小宇染上了毒瘾……

看完这则小故事，同学们也许会问：抽烟和吸毒有什么关系吗？

早在 20 世纪，科学研究就发现了吸烟和吸毒之间有一定相关。美国 1991 年—1993 年全国药物滥用流行病学调查显示，吸烟者中滥用大麻的比例是不吸烟者的 63 倍。美国疾病控制中心根据大量流行病学调查数据指出，绝大多数人的药物滥用问题发生在青少年时期，药物滥用往往是从吸烟开始的。

同学们，防范毒品要先从拒绝烟酒做起。

## 本阶秘籍

健康的生活习惯和行为规范会形成一道自然的屏障，将危害身心健康的不良行为阻隔在外，这就是我们要不断修炼的护体“神功”。

《中小学生守则》第七条规定：“自强自律健身心。坚持锻炼身体，乐观开朗向上，不吸烟不喝酒，文明绿色上网。”第八条规定：“珍爱生命保安全。红灯停绿灯行，防溺水不玩火，会自护懂求救，坚决远离毒品。”

列一列，《中小学生日常行为规范》里还有哪些内容能帮助我们练好内功？

# 四、第四阶：锻造“元神”

功夫世界的设定中，“元神”往往是人最脆弱的地方。有些人练就了强大内功，身体变得刀枪不入，但是“元神”一旦被攻破就十分容易一命呜呼。我们在养成良好行为习惯的时候，还需要保持独立的判断能力，不受外界的蛊惑，才能守定自己的“元神”，抵御毒品的诱惑和攻击。

## 一颗“大麻糖”引发的案件

2019 年年底，21 岁的留学生小妍（化名）乘飞机前往美国西雅图游玩。她在当地的大麻制品专卖店买了不少含有大麻成分的糖果、巧克力、蛋糕等“食品”。几天后，小妍偷偷带着这些大麻食品乘飞机回国。为了逃避海关检查，她拆开这些“食品”的包装，混装在普通糖果里。

回到家后，小妍邀请了未成年的小汪（化名）来自己家玩，她把带回来的“食品”全部拿出来，得意地向小汪介绍说：“没见过吧？这就是从美国带回来的大麻糖。”两人各吃了一颗。小妍又邀请了刚满 18 岁的小哲（化名）和小冰（化名）来家里玩，几个人各吃了一颗，就有些“上头”。小冰尤其兴奋，交谈中她得知除了“糖果”外小妍家里还有很多“巧克力”和“蛋糕”，想着自己还有一笔网贷没有还清，小冰突然间动了歪念……

小冰背着小妍偷偷拿走了一些“糖果”和“巧克力”，并拍给好友小白（化名）看，炫耀这是有大麻成分的，国内买不到。同样“贪玩”的小白来了兴致，就想向小冰买一个试试。小白向小冰购买了一颗大麻糖和一块大麻巧克力，花了 520 元。第二天，小白又用 400 元和 800 元从小冰那儿买了两颗大麻糖和两块大麻巧克力。

沉浸在“兴奋”中的二人没想到，就在第二次交易完成后，小冰被当场抓获。民警又顺藤摸瓜抓获了小妍，并在她家中查获、扣押了蛋糕状大麻制品 26.53 克。这些大麻制品都是小妍从美国带回来的，经检测，其中全部含有四氢大麻酚成分。小妍因涉嫌走私毒品罪、容留他人吸毒罪，小冰因涉嫌贩卖毒品罪被公安机关刑事拘留，等待她们的将是法律的惩处。①

## 套路是“套”不是路

“这是国外流行的大麻食品，国内买不到的，尝一下？”

“吃摇头丸不会上瘾，就是玩一玩，很开心、很舒服。”

“‘溜冰’可以让心情变好，这可是减压良方。”

“头疼牙疼肚子疼，吃一下就好。”

“这叫‘聪明药’，吃了后学习起来效率特别高。”

“玩‘K 粉’和冰毒能减肥、美容、变漂亮，不会上瘾的。”

“放心，这是新品种，玩一下，警察查不出来的。”

生活中，陌生人对你说这些话，你不会相信，但如果是你认识的人，甚至是亲朋好友对你这么说呢？或许，你就开始动摇了……

诱人吸毒的“套”往往是“熟人”给下的。我国的一项调查显示，68.6% 的成年吸毒者和 83.1% 的未成年吸毒者首次吸食毒品的提供者是朋友。面对各种套路，我们得守护“元神”，用所学的知识进行判断和选择。

## 本阶秘籍

分辨出真朋友和假朋友。

不结交有不良行为的朋友，不搭理有吸毒、贩毒行为的人。

同伴的怂恿、劝说和激将没什么了不起，你，才是自己的主人！

① 21 岁留学生从国外带回神秘食物，和朋友分享后……悲剧了！广州日报，2020-5-14.

# 五、第五阶：见招拆招

练完四阶功夫后，同学们会发现获得的都是发现、识别、防范毒品和吸毒人员及风险场所的知识和能力，当我们在生活中遇到可能接触毒品或者吸毒人员的情境时，该怎么办？有一种临场应对叫作：见招拆招！

你被几个朋友拉去酒吧，朋友的“大哥”或者“大姐姐”邀请你喝点酒，还拿出一种彩色有图案的小药丸，告诉你吃了这种药丸喝再多酒都不会醉，人会很放松。你该怎么办？

你来拆招：

写下你的应对招数

见你拒绝了“大哥”“大姐姐”的推荐，和你一起去的朋友怕他们不高兴，劝你试一下，还说“我吃过，真的很有效，酒量大增”“你太放不开了，下回不带你出来玩了”“你这样我很没面子，以后朋友都没得做了”。此时，你该怎么办？

你来拆招：

写下你的应对招数

假如，你继续拒绝朋友，没有喝酒也没有吃小药丸，只是点了一瓶雪碧陪着他们坐坐。中途，你离开座位去了趟洗手间，回来后你会怎么做？

你来拆招：

写下你的应对招数

假如，你喝完雪碧后，发现头有点晕，人有点“飘”，变得爱说话了，这些反应和平时喝完饮料不太一样。这时候，你该怎么办？

你来拆招：

写下你的应对招数

以上每种情况的拆解招数不止一种，和同学们一起讨论，看看大家能想出哪些办法。不过，无论你想到哪种招数，都要记住“万变不离其宗”，我们的目的就一个：对毒品坚决说“不”！

## 课后思考

1. 我们如何分辨生活中的食品饮料和被伪装成食品饮料的毒品？

2. 使用毒品的人有哪些常见的特征？

3. 对初中生来说，你认为防范毒品侵害最关键的是什么？

禁毒小课堂

POLICE
中华人民共和国
禁毒法
中华人民共和国
刑法

# 第五课  禁毒法律应知悉

同学们都知道，毒品不仅给吸毒者自身和家庭带来危害，还会造成次生危害——引发卖淫、盗窃、抢劫、诈骗、故意伤害、杀人、绑架等危及社会治安的违法犯罪行为。法律是全体公民必须遵守的行为规范，我国通过多部法律法规对涉及毒品的一系列违法犯罪行为规定了相应的法律责任，目的就是保护每一个人的身体健康以及生命和财产安全。

对待毒品我国始终秉持“零容忍”的态度，涉毒违法犯罪行为都要受到法律的追究。法不容“毒”，我们必须知法、守法，拒绝毒品，做一个遵纪守法、遵守社会规范的公民。

吸毒的代价

# 一、以案说法1

## 演员房某容留他人吸毒、演员柯某吸毒案

2014年8月，演员房某、柯某因涉嫌吸毒被抓，警方在房某住所内搜到100多克大麻，二人对吸食毒品大麻的违法行为供认不讳。柯某因吸食大麻被处以行政拘留14天，房某则因涉嫌容留他人吸毒被刑事拘留。2015年1月，北京市东城区人民法院开庭审理房某容留他人吸毒一案。公诉人指控被告人房某于2012年下半年某日、2014年7月某日、8月某日，在其居所内容留柯某、李某等人吸食毒品大麻，应以容留他人吸毒罪追究刑事责任。对于公诉机关指控的犯罪事实和罪名，被告人房某表示无异议，并自愿认罪。审判员当庭宣判，认定被告人房某构成容留他人吸食毒品罪，判处有期徒刑六个月，并处罚金人民币2000元。

在这起案件中，演员房某和柯某因参与聚众吸毒受到了相应的法律惩处，可为什么他们两人承担的法律责任不一样呢？柯某在房某家中吸食毒品大麻，吸毒是违法行为，依据《中华人民共和国治安管理处罚法》第七十二条的规定，应处行政拘留，可以并处罚款。房某在自己的居所内不仅吸食毒品大麻，还多次容留他人吸毒，已经构成犯罪，此时应依据《中华人民共和国刑法》第三百五十四条的规定，判处三年以下有期徒刑、拘役或者管制，并处罚金。

警示1

吸毒是违法行为

在我国，吸毒是一种违法行为，一旦实施，将面临行政处罚。

**《中华人民共和国治安管理处罚法》第七十二条规定：**

有下列行为之一的，处十日以上十五日以下拘留，可以并处二千元以下罚款；情节较轻的，处五日以下拘留或者五百元以下罚款：

（一）非法持有鸦片不满二百克、海洛因或者甲基苯丙胺不满十克或者其他少量毒品的；

（二）向他人提供毒品的；

（三）吸食、注射毒品的；

（四）胁迫、欺骗医务人员开具麻醉药品、精神药品的。

吸毒，通俗地说，就是使用毒品。“打 K”“溜冰”“飞叶子”，这些都是吸毒者对使用“K 粉”、冰毒、大麻的称呼。毒品的形态有很多种，晶体、粉末、药丸、植物干品、烟叶、“贴纸”、液体、针剂等，而使用毒品的方式也有很多种，如加热后烫吸、直接口服、鼻吸、注射，还有敷在皮肤上吸收等。一种毒品可能有好几种使用的方式，不管采用哪种方式使用毒品，都统称为吸毒。

从《中华人民共和国治安管理处罚法》第七十二条的规定可以看到，除了吸毒行为被禁止外，非法持有少量毒品、向他人提供毒品、胁迫欺骗医务人员开具麻醉药品和精神药品的行为，都是被法律所禁止的。所以，不要以为自己不吸毒只是替朋友保管毒品就没有违法，也不要以为出钱请朋友吸毒自己没碰毒品就没有违法，法不容“毒”，法不容“情”，我们要提高警惕哦！

警示 2

容留他人吸毒是违法犯罪行为

容留他人吸毒是一种帮助他人使用毒品的行为，意即为吸毒者提供使用毒品的场所。按照我国法律的规定，对容留他人吸毒的行为视情节的轻重给予不同的惩处。情节严重的，构成容留他人吸毒罪，依据《中华人民共和国刑法》第三百五十四条判处刑罚；情节轻微的，是一种违法行为，依据《中华人民共和国禁毒法》第六十一条处以行政处罚。

**《中华人民共和国刑法》三百五十四条规定：**

容留他人吸食、注射毒品的，处三年以下有期徒刑、拘役或者管制，并处罚金。

**《中华人民共和国禁毒法》第六十一条规定：**

容留他人吸食、注射毒品或者介绍买卖毒品，构成犯罪的，依法追究刑事责任；尚不构成犯罪的，由公安机关处十日以上十五日以下拘留，可以并处三千元以下罚款；情节较轻的，处五日以下拘留或者五百元以下罚款。

如何理解法律的这些规定呢？来，掌握好以下几个要点。

问：提供给吸毒者使用毒品的场所必须是自己的居所吗？

答：否。自己的住宅、租住的房屋、办公室、酒店宾馆房间、KTV包厢、汽车等都可能成为容留他人吸毒的场所。只要这个空间处于你的控制之下，都被视为由你提供。

问：免费把场所提供给吸毒的朋友使用，没有收钱也不行吗？

答：绝对不行。容留他人吸毒行为的认定只问有没有提供，不考虑是有偿提供还是无偿提供。

问：同学、朋友到我家来，人家要玩毒品，我不好拒绝啊，不能算我错吧？

答：当然是你错啊。你有权请他们离开呀，不行使这个权利，就意味着你允许吸毒行为的发生。可长点心吧，老铁……

## 歌手陈某吸毒案

2018 年 11 月，北京石景山公安分局根据群众举报，在该市某小区抓获两名涉毒违法人员——歌手陈某和他的女朋友，现场查获冰毒 7.96 克、大麻 2.14 克。尿检结果显示，陈某呈冰毒类和大麻类阳性。随后，通过毛发检测，他的头发里被检测出含有毒品成分，公安机关综合多个证据，认定他吸毒成瘾。在对陈某予以治安处罚后，于 12 月对陈某又作出了责令社区戒毒的决定。

由于毒品具有依赖性特点，长期吸毒、滥用一些精神活性物质都会导致成瘾。

吸毒者成瘾后需要进行药物治疗和心理干预治疗，还要得到家庭和社会的支持，才能帮助其真正摆脱毒瘾，恢复身心健康，回归社会。根据我国法律规定，国家采取各种措施帮助吸毒人员戒除毒瘾，教育和挽救他们。

吸毒成瘾人员应当进行戒毒治疗，他们可以到具有戒毒治疗资质的正规医疗机构，如医院、自愿戒毒所接受戒毒治疗，主动去医疗机构戒毒的吸毒者，公安机关不对他们进行行政处罚。我们希望每一个吸毒成瘾者有戒毒的意愿，能够主动寻求专业机构的帮助，戒除毒瘾，早日恢复健康。

除了自愿戒毒，法律还规定了社区戒毒、社区康复和强制隔离戒毒的措施。这些措施全部由公安机关作出决定，针对的是被公安机关查获的吸毒成瘾人员。成瘾不严重的吸毒者，要在居住的社区接受三年的社区戒毒。成瘾严重的吸毒者会被送进强制隔离戒毒所接受为期两年的隔离戒毒。两年期满后，他们还可能被公安机关责令接受不超过三年的社区康复。

警示 3

吸毒成瘾必须接受戒毒治疗

## 讨论：如何看待明星吸毒事件？

近年来，演艺圈频频爆出明星、艺人吸毒和容留他人吸毒的事件，演艺明星吸毒现象每一次曝光都引起社会的热议。

**对明星吸毒事件，你怎么看？**

**我们的观点：**

早在 2014 年，北京市演出行业协会就与北京 42 家经纪机构和表演团体签订《北京市演艺界禁毒承诺书》，承诺不录用、不组织涉毒艺人参加演艺活动，净化演艺界队伍。2018 年 9 月 8 日，北京演出行业协会成立 五个专业委员会，道德自律委员会发布《北京演艺行业道德自律行为规范》和《北京市演艺界慎独自律倡议书》，表态坚决不用“黄赌毒”艺人。山东省通过地方立法的方式，直接规定：对因吸毒行为被公安机关查处未满三年或尚未戒除毒瘾的人员，不得邀请其作为主创人员参与制作广播电视节目或者参与文艺演出；不得播出其作为主创人员参与制作的电影、电视剧、广播电视节目以及代言的商业广告。

法律面前，人人平等，演艺人士甚至明星也不例外，无论哪个国家，都不容忍明星吸毒。演艺明星是社会公众人物，更是许多青少年的偶像，承担着比普通人更多的社会责任，更应严格自律，坚定地向毒品说“不”。

# 二、以案说法 2

**《中华人民共和国刑法》第三百四十七条规定：**

走私、贩卖、运输、制造毒品，无论数量多少，都应当追究刑事责任，予以刑事处罚。

走私、贩卖、运输、制造毒品，有下列情形之一的，处十五年有期徒刑、无期徒刑或者死刑，并处没收财产：

（一）走私、贩卖、运输、制造鸦片一千克以上、海洛因或者甲基苯丙胺五十克以上或者其他毒品数量大的；

（二）走私、贩卖、运输、制造毒品集团的首要分子；

（三）武装掩护走私、贩卖、运输、制造毒品的；

（四）以暴力抗拒检查、拘留、逮捕，情节严重的；

（五）参与有组织的国际贩毒活动的。

走私、贩卖、运输、制造鸦片二百克以上不满一千克、海洛因或者甲基苯丙胺十克以上不满五十克或者其他毒品数量较大的，处七年以上有期徒刑，并处罚金。

走私、贩卖、运输、制造鸦片不满二百克、海洛因或者甲基苯丙胺不满十克或者其他少量毒品的，处三年以下有期徒刑、拘役或者管制，并处罚金；情节严重的，处三年以上七年以下有期徒刑，并处罚金。

单位犯第二款、第三款、第四款罪的，对单位判处罚金，并对其直接负责的主管人员和其他直接责任人员，依照各该款的规定处罚。

利用、教唆未成年人走私、贩卖、运输、制造毒品，或者向未成年人出售毒品的，从重处罚。

对多次走私、贩卖、运输、制造毒品，未经处理的，毒品数量累计计算。

## 案例 1

2019 年年初，住在厦门市同安区某小区的赖某亲手把一小包用白色餐巾纸包裹的物品交给妻子阿兰（化名），并告诉妻子，这是一包毒品，让妻子帮他送到指定地点，跟一男子交易。阿兰见丈夫身有残疾，行动不便，为了赚钱帮赖某治病并补贴家用，便答应了。阿兰心想只是帮赖某送一下毒品，应该不是犯罪。

2019 年 3 月的一天晚上，赖某 15 岁的女儿小芳（化名）刚放学回到家，就收到父亲发来的微信，让她把桌上的一包烟给买家送去。小芳打开烟盒，发现里面是毒品，不愿帮赖某前去交易。不料，赖某竟责骂小芳不孝。情理两难之下，小芳只好答应，随后将一包冰毒送到指定地点，卖给越南籍吸毒人员麻某。4 月，赖某在其暂住处附近，又将一包毒品海洛因贩卖给麻某。当月，麻某因吸毒在厦门被查获。案发后，麻某主动供述毒品来源，举报毒贩赖某。根据麻某提供的线索，警方很快在菜市场抓获正准备进行毒品交易的赖某及陪他前往的阿兰，并从赖某身上查获海洛因和冰毒。

### 做一回法官

本案中，赖某的行为应定什么罪？

- □ 走私毒品罪
- □ 贩卖毒品罪
- □ 运输毒品罪

本案中，阿兰的行为应定什么罪？

- □ 走私毒品罪
- □ 贩卖毒品罪
- □ 运输毒品罪
- □ 无罪

本案中，小芳的行为应怎么判定？

- □ 构成走私毒品罪
- □ 构成贩卖毒品罪
- □ 构成运输毒品罪
- □ 无罪

## 案例 2

年仅 16 周岁的小周，因受他人许诺运毒成功后能得几千元报酬而决定“赌一把”。他以体内藏毒的方式将塑料纸包裹的白色蛋形物 133 粒吞入腹中，搭乘航班由云南省昆明市到上海。到达上海后，小周立即到浦东新区一家酒店开了房间，并将体内毒品陆续排泄出体外。正当他庆幸自己的行为神不知鬼不觉时，却于次日上午被上海市公安局浦东分局民警抓获。经上海市毒品检验中心称重后检验，从小周处扣押的白色蛋形物中检测出海洛因成分 377.11 克，含量为 73.59%。在铁证面前，小周不得不承认了自己运毒的事实。

### 做一回法官

本案中，小周的行为应怎么判定?

□ 构成走私毒品罪

□ 构成贩卖毒品罪

□ 构成运输毒品罪

□ 无罪

**答案**

赖某的行为构成了贩卖毒品罪。厦门市同安区人民法院以贩卖毒品罪判处赖某有期徒刑二年四个月，并处罚金人民币二千元。同案犯阿兰和小芳的行为也都构成了贩卖毒品罪。

小周的行为构成了运输毒品罪。上海市人民法院以运输毒品罪判处小周有期徒刑十一年，并处罚金人民币叁仟伍佰元。

你回答对了吗？

《中华人民共和国刑法》规定，走私、贩卖、运输、制造毒品，无论数量多少，都应当追究刑事责任，予以刑事处罚。这是毒品犯罪中最为严厉的规定，只要实施了四种行为中的任意一种，都将被追究刑事责任，最高可被判处死刑。

现实中，许多毒贩会利用涉世未深的未成年人协助贩卖、运输毒品，他们往往以“你年龄小，不用负法律责任”“就算被警察抓住了，也处理得很轻”为由，劝说、引诱未成年人参与毒品犯罪活动。是不是年龄小就不负刑事责任了呢？

《中华人民共和国刑法》对刑事责任年龄有明确的规定，已满 14 周岁不满 16 周岁的人贩卖毒品的，应当负刑事责任；已满 16 周岁的人实施其他毒品犯罪的，应当负刑事责任。因此，案例 1 中小芳已年满 14 周岁，她帮助赖某将毒品卖给麻某，实施的是贩卖毒品的行为；案例 2 中小周年满 16 周岁，他用人体藏毒的方式将毒品从昆明运送到上海，实施的是运输毒品的行为。小芳和小周虽然都是未成年人，但都分别达到了《中华人民共和国刑法》所规定的刑事责任年龄，必须承担刑事责任。虽然，《中华人民共和国刑法》对未成年人犯罪有从轻或者减轻处罚的规定，小周被判处了十一年有期徒刑，但是在监狱里度过青春年华，对他来说失去的又何止是十一年的自由呢！

禁毒小课堂

# 三、以案说法 3

## 案例 3

上海市嘉定区人民法院一审刑事判决书节录：

被告人崔某吸毒之后，于 2000 年 3 月上旬在家中诱使张某某（男，16 岁）仿效其吸食毒品。同年 3 月中旬某夜，被告人崔某携所购买的毒品至家住上海市嘉定区某镇花园新村的印某家中，对在场的印某（男，16 岁）、张某某和钱某（男，22 岁）等人宣扬吸食毒品能治感冒、脚痛等疾病，会产生“飘”的感觉等，并当场演示吸食毒品的方法，引诱、唆使印某、张某某和钱某仿效其吸毒的方法吸食毒品。同年三四月间，被告人崔某在孙某家中，以上述相同方法诱使孙某（男，21 岁）等人吸食毒品。之后，印某、张某某、钱某、孙某及倪某某（男，22 岁）等人多次凑钱，由被告人崔某购买毒品后多次吸食。公安机关于 2000 年 11 月 13 日将被告人等查获归案。

……

本院认为，上海市嘉定区人民检察院指控被告人崔某犯引诱、教唆他人吸毒罪的事实清楚，证据确实、充分，所控罪名成立。被告人崔某归案后能如实供述，有一定的认罪悔罪表现，但其引诱、教唆他人吸毒多人多次，情节较为严重，且引诱、教唆未成年人吸毒，还有劣迹，依法应予从重处罚。现为严肃国法，保护公民的生命健康权利不受侵犯，维护国家对毒品的管理制度和社会管理秩序，特依照《中华人民共和国刑法》第三百五十三条第一款、第三款之规定，判决如下：

被告人崔某犯引诱、教唆他人吸毒罪，判处有期徒刑三年，罚金人民币三千元。

## 案例 4

2010 年 3 月 16 日凌晨 1 时许，被告人朱某某在广州市花都区新华街某旅店 217 房内，与同伙吴某某密谋后，将冰毒掺入饮料“营养快线”内，欺骗被害人赵某饮用。赵某第一次喝下朱某某给她的“营养快线”时，朱某某并没有告诉她里面放了什么，第二次喝时朱某某谎称饮料里面放了“春药”（兴奋剂）。赵某两次饮用掺入冰毒的“营养快线”，后感觉身体不适被送至医院抢救。经冰毒试纸检验，被害人赵某尿样结果为阳性。广州市花都区人民法院经审理认为，朱某某明知是毒品冰毒但仍欺骗赵某饮用，其行为已构成欺骗他人吸毒罪，判处朱某某有期徒刑九个月，并处罚金一千元。

## 案例 5

2016 年 2 月 27 日晚，杨某（未成年人）和同学张某、毛某、唐某（三人均为未成年人）、郑某某以及一名外号叫“天哥”的陌生男子一起去吃饭、喝酒，直至次日凌晨 1 点多。随后，六人来到某大酒店 1013 房间。郑某某叫“天哥”把吸毒用的“壶壶”做好后，“天哥”就从口袋里拿出冰毒，郑某某、张某等人围在一起开始“溜冰”，并要杨某也来吸食冰毒，但被杨某拒绝了。这时，郑某某用眼睛瞪着杨某并用威胁的语气说：“你今天必须给我吸一口，给你最后一次机会，我脾气不好，要是我发起脾气来什么事情都做得出来”。杨某仍旧拒绝吸毒。郑某某见状喊其他人拿杯子过来并说：“信不信我给你泡杯纯的冰毒喝”，随后走到床头拿了一瓶矿泉水，要“天哥”把毒品拿出来。杨某心里特别害怕郑某某将毒品放在瓶子里强行灌她，只好吸了一口冰毒。在场的其余五人又轮流吸食了冰毒。后被赶来的公安民警带到派出所调查。

2017年1月23日，湖南省怀化市鹤城区人民法院一审判决，被告人郑某某犯容留他人吸毒罪，判处有期徒刑十个月，并处罚金人民币一万元；犯强迫他人吸毒罪，判处有期徒刑三年，并处罚金人民币一万元；决定执行有期徒刑三年六个月，并处罚金人民币二万元。

## 法律释义

### 1. 什么是引诱、教唆、欺骗、强迫他人吸毒？

引诱他人吸食毒品，是指向他人宣扬吸毒的好处，诱使他人吸毒的行为；教唆他人吸食毒品，是指向他人传授吸毒方法，鼓励或怂恿他人吸毒的行为。在案例3中，崔某向他人宣扬吸食毒品能治感冒、脚痛等疾病，会产生“飘”的感觉，就是引诱他人吸毒的行为；他还示范了吸毒的方法，唆使印某、张某某和钱某仿效其吸毒的方法吸食毒品，就是教唆他人吸毒的行为。

欺骗他人吸毒是指通过隐瞒真相或捏造假象等方法暗地里在药品、食物中掺入毒品供他人吸食。在案例4中，朱某某将掺有冰毒的饮料给赵某饮用时，第一次没有告诉赵某里面放了什么，第二次骗赵某说里面放了“春药”，这是典型的欺骗他人吸毒的行为。

强迫他人吸毒是指使用暴力、胁迫等手段迫使他人吸毒的行为。强迫包括了暴力强制和精神强制。暴力强制指的是直接使用暴力，如拳打脚踢、打晕他人、捆绑使人无法反抗，强行给他人灌服、注射毒品等。精神强制则往往是使用言语威胁的手段，让他人感到害怕被迫主动吸毒。在案例5中，杨某受到郑某某的威胁，害怕郑某某将毒品放在瓶子里强行灌她，最后被迫吸食了一口冰毒。郑某某威胁杨某吸毒就是一种强迫他人吸毒的行为。

**2. 引诱、教唆、欺骗、强迫他人吸毒有什么法律后果?**

引诱、教唆、欺骗他人吸毒是被法律禁止的行为，情节轻微的受行政处罚，情节严重的要追究刑事责任。强迫他人吸毒的行为性质更为恶劣，实施这样的行为，要承担更为严重的法律后果。

**《中华人民共和国治安管理处罚法》第七十三条规定:**

教唆、引诱、欺骗他人吸食、注射毒品的，处十日以上十五日以下拘留，并处五百元以上二千元以下罚款。

**《中华人民共和国刑法》第三百五十三条规定:**

引诱、教唆、欺骗他人吸食、注射毒品的，处三年以下有期徒刑、拘役或者管制，并处罚金；情节严重的，处三年以上七年以下有期徒刑，并处罚金。

强迫他人吸食、注射毒品的，处三年以上十年以下有期徒刑，并处罚金。

引诱、教唆、欺骗或者强迫未成年人吸食、注射毒品的，从重处罚。

## 把思考带回家

设想一下，如果你是案例 5 中的小杨，面对引诱和强迫，你会怎么办？小杨的经历带给我们哪些启示？带着这个问题回家和爸爸妈妈一起讨论吧，成年人的社会阅历会给我们不错的建议哦。

## 课后思考

1. 按照我国法律规定，吸食、注射毒品是违法行为，应承担什么法律后果？

2. 持有毒品将面临什么法律后果？

3. 什么是容留他人吸毒行为？应承担什么法律责任？

4. 走私、贩卖、运输、制造毒品是触犯《中华人民共和国刑法》的犯罪行为，依据法律规定，应受到什么刑事处罚？

5. 对引诱、教唆、欺骗、强迫他人吸毒的行为，我国法律有哪些规定？

POLICE

# 第六课 禁毒斗争我参与

同学们，通过前面课程的学习，我们对毒品给人的身心和家庭所带来的危害有了一些了解，这节课我们要探讨一个更为深刻的问题，它事关人类社会的发展与未来。

让我们从成瘾谈起。

成瘾是与人类文明共生的一种现象，它的发生发展甚至与人类的历史一样漫长。目前，成瘾性物质的滥用造成严重的公共卫生和社会问题，成为影响人类身心健康与福祉的全球性灾难。世界卫生组织（WHO）基于人类的健康将成瘾性物质分为阿片类、可卡因类、大麻类、中枢神经兴奋剂类、酒精以及镇静催眠类、致幻剂类、挥发性有机溶剂类、烟草类。

吸毒成瘾，是指吸毒人员因反复使用毒品而导致的慢性复发性脑疾病，表现为不顾不良后果、强迫性寻求及使用毒品的行为，常伴有不同程度的个人健康及社会危害。

行为习惯的养成

# 一、人类与成瘾性物质：源远流长

## 人类药物滥用的历史

成瘾性物质使用和滥用古已有之，几乎与人类文明史一样漫长。早期人类使用这类物质多是出于宗教、医疗和享乐等目的，如致幻物质大麻、古柯可作为宗教仪式的“圣物”；镇痛物质，如鸦片、吗啡可缓解疾病带来的疼痛；烟草、酒精被用于享乐。在人类漫长的历史进程中，人们曾试图管控这类物质的使用范围和使用方法，但仍不能避免成瘾者的出现，并为物质滥用付出代价。

中国古代有一则著名的神话传说，神农辨药尝百草的故事，《淮南子·修务训》曾载到：“尝百草之滋味……一日而遇七十毒。”东汉时期，《神农本草经》收录了三百六十五种草药，记录了各种草药的功用。这是人类利用自然界中的植物治疗疾病、减轻痛苦的记载。战国时期的扁鹊是中国传统医学的鼻祖、中医理论的奠基人。据记载，扁鹊还精于外科手术，而且应用了药物麻醉来进行手术。三国时期的华佗，独创麻沸散，内服麻醉，以施行外科手术，开创了人类利用自然植物麻醉神经用于医疗的历史，比西方早了 1600 年。

唐朝时期，阿拉伯人将含有鸦片成分的底也伽带到中国，作为一种珍贵的药材使用。明朝时期，随着中西方人流物流日益频繁，贸易不断增长，鸦片输入量也开始不断增加。明朝晚期，鸦片不再限于治疗疾病，而开始被人们滥用并导致社会危害。治疗人类疾病的药品逐渐开始演化成危害人类的毒品。

## 一场漫长的斗争

人类的历史也是一部与各种成瘾性物质的斗争史。回顾漫长的与毒品斗争的历史，我们看到，文明的发展为毒品的传播创造了条件。现代化学工业的发展，使更多的成瘾性物质被制造出来；城市化进程、现代交通工具的发明，使毒品可以在更短的时间内被贩卖到世界各地；人口增长、社会竞争压力使得滥用毒品的人数屡创新高。

人类历史上第一次大规模滥用天然毒品鸦片的历史，主要集中在 19 世纪早中期；进入 20 世纪中期，则以合成类毒品苯丙胺的滥用为主；进入 21 世纪后，则出现了滥用新精神活性物质为主的局面，美国的芬太尼滥用最为突出。为此，人类与毒品展开了坚决的斗争，“虎门销烟”“向毒品宣战”“万国禁烟会”，多次召开联合国特别大会，制定“三大国际禁毒公约”和其他政策性文件，等等。

禁毒战争仍在继续。毒品问题在不断发展蔓延，制毒者不断翻新花样，制出更多新型毒品；贩毒者变得越来越狡猾，将毒品贩往世界每一个角落；吸毒者也变得愈加无助，陷于泥潭难以自拔。我们必须面对这样一个事实：毒品与人类长期共存。我们需要做的是：防止它的滥用，控制它的危害，将其仅限于教学、科研和医疗使用。

禁毒小课堂

# 二、人类与毒品：一场永不停止的战争

人类很早以前开始使用阿片类、古柯类、大麻类等天然物质。鸦片在19世纪二三十年代后形成了滥用的高潮，特别是在我国清朝中晚期。鸦片战争带来的丧权辱国之耻，我们更要世世代代牢记。

大麻目前已经成为当今全球滥用人数最多的单一种类毒品，个别国家也开始了大麻合法化使用的蠢蠢欲动之举。20世纪60年代后，冰毒等合成类毒品开始在全球广泛滥用，21世纪，新精神活性物质成为最引人注目的毒品。海洛因、冰毒、芬太尼成为全球毒品之王，危害极其严重。

为了应对毒品对人类造成的危害，全球运用道德、宗教、习俗、传统、政策、法律等与之斗争，其中法律是最为有效的措施。早在1909年，中国、美国、英国、德国、日本、俄国等13个国家于2月1日在上海举行万国禁烟会议，大会形成了一定的共识，通过九项议案。1912年1月，由中国、美国、日本、英国、德国等国家在海牙召开禁毒国际会议，签订了第一个国际禁毒公约《海牙禁止鸦片公约》。1961年联合国大会通过《1961年麻醉品单一公约》，对麻醉药品实行管制。1971年联合国在维也纳签订了《1971年精神药物公约》，建议各国对精神药物实行管制。1988年，联合国通过《联合国禁止非法贩运麻醉药品和精神药物公约》，加大对毒品犯罪的打击。

虽然，人类运用法律、经济、政治，乃至军事等手段与毒品展开持续斗争，但是毒品问题仍日益严重。2021年，全球有超过2.96亿人使用毒品，比前10年增加了23%。与此同时，患有吸毒障碍的人数激增至3950万，在10年间增加了45%。全球注射吸毒者有1320万人，比上一年高出18%。

## 资料 1 鸦片战争

从 19 世纪起，鸦片开始大量流入中国，30 年代以后，鸦片输入量迅速增加，英国利用肮脏的鸦片贸易开辟了中国市场，随后中国吸毒人数暴增，最高时达 2500 万之众，给中华民族造成了深重的灾难。鸦片的输入不仅造成清政府更加腐败，白银大量外流，同时还严重败坏了社会风尚，摧残了人民的身心健康，削弱了军队的战斗力。烟毒泛滥不仅在精神上、肉体上给中国人带来损害，同时也严重破坏了社会生产力。

1839 年 6 月 3 日至 25 日，林则徐发动了中国历史上第一次大规模的禁烟运动——“虎门销烟”，极大地影响了英国的利益，英国政府以“虎门销烟”等为借口，决定派出远征军侵华。1840 年 6 月，英军舰船 47 艘、陆军 4000 人陆续抵达广东珠江口外，封锁海口，鸦片战争爆发。

1842 年，英国强迫清政府签订了丧权辱国的不平等条约——《南京条约》，中国开始向外国割地、赔款、商定关税，严重危害中国主权，使中国逐步沦为半殖民地半封建国家。

青少年要时刻牢记我们是中华儿女，要铭记历史，提高禁毒意识，坚决抵制毒品。

## 资料 2 墨西哥的毒品战争

2006 年 12 月 11 日，墨西哥前总统卡尔德龙上台后发动了“毒品战争”，将打击贩毒集团列为首要任务，开展声势浩大的联合扫毒行动。

2010 年 8 月 18 日，圣地亚哥的新莱昂市市长被发现遇害。2010 年 8 月 29 日，塔毛利帕斯市市长被枪杀，其女儿也身负重伤。2010 年 9 月 13 日，墨西哥北部圣路易斯波托西州埃尔纳兰霍市市长遭蒙面歹徒枪杀身亡，他成为了墨西哥一个月内第三名命丧枪口的市长。虽然对此类袭击事件的具体动机还不甚了解，但仅从谋杀方式来看，与贩毒集团实施的手段如出一辙。三位市长的惨死证明了贩毒集团已经将目标对准了墨西哥文职政府。

2010年9月，据美国《华盛顿时报》报道，美国国防部认为，墨西哥两个最大毒枭联合起来拥有超过10万步兵，这些士兵已经成为墨西哥政府军的强大对手，甚至威胁到墨西哥的政权。在政府和毒枭进行的“毒品战争”中，53%的墨西哥人作为受访者认为毒枭会赢。墨西哥经济部长鲁伊斯担忧地说，如果这场“毒品战争”打不赢，“墨西哥下任总统将是毒枭”。

据英国《卫报》报道，一项最新调查发现，墨西哥“毒品战争”在14年间造成了大量人员伤亡，近39000具遗骨的身份得不到确认，遗体数量多到停尸房来不及处理。

2019年1月30日，墨西哥总统洛佩斯宣布，墨西哥毒品战争正式宣告结束。洛佩斯说：“目前这场战争已正式结束，我们需要和平，并将获得和平。”他表示政府将关注暴力、贩毒等现象背后的原因，并提出相应社会发展计划。

## 资料3　毒品与经济损失

联合国发布的世界毒品报告指出，毒品对环境破坏严重，每年由于开荒种植毒品，破坏了大片的原生态植被；在制造可卡因和海洛因过程中排放的有毒物质和废水，破坏了自然资源，污染了生态环境，使水生动物、植物大量死亡。毒品的种植、加工和生产，缩小了人类的生存空间。

2017年2月，联合国毒品和犯罪问题办公室驻西非地区代表皮埃尔·拉巴克对外宣称，毒品每年给西非国家经济带来超过13亿美元的损失，近年来该地区逐渐成为毒品的生产加工区域。

中国国家禁毒委员会对外公布的数据显示，全国每年因吸毒造成的

直接经济损失 5000 亿元，间接损失超过万亿元。

美国政府每年投入 3 亿美元用于禁毒教育、治疗和研究项目。2007 年，美国和墨西哥为联合打击贩毒集团，阻止毒品由墨西哥进入美国，一次就投入了 85 亿美元。

## 资料 4　毒品与艾滋病

《2023 年世界毒品报告》指出，2021 年，全球有超过 2.96 亿人使用毒品，比前 10 年增加了 23%。2021 年有 1320 万人在注射毒品，比 2020 年高出 18%。注射吸毒者感染艾滋病病毒的风险是不注射吸毒者的 35 倍。

根据《2023 全球艾滋病防治进展报告——终结艾滋病之路》显示，全球目前有 3900 万艾滋病病毒感染者。1989 年我国在云南第一次发现本土感染艾滋病病例 146 例，截至 2022 年年底，我国报告存活艾滋病感染者 122.3 万例，累计报告死亡病例 41.8 万例，2007 年性传播首次超越

**2023 年 1–12 月我国艾滋病报告发病数和死亡数**

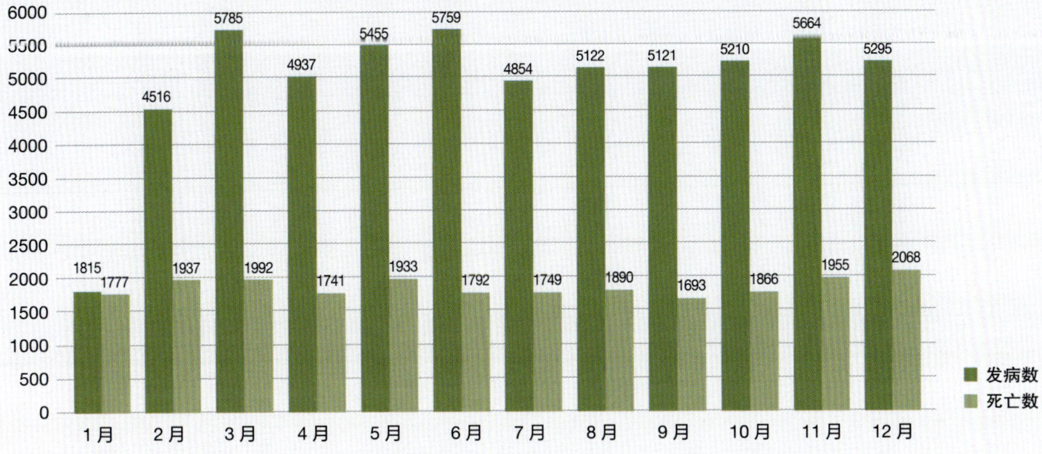


注：累计报告发病数 59533 人，累计报告死亡数 22393 人。
统计未含我国港澳台地区，是全死因死亡数，数据来源自国家疾控局每个月的公开报道。

血液传播，成为最主要传播路径，目前性传播途径占90%以上。

需要说明的是，虽然注射毒品不再是艾滋病传播的主要渠道了，但由于吸食新型合成毒品易发生集体性行为、无防护性行为，因此吸毒是感染艾滋病病毒的高危行为。

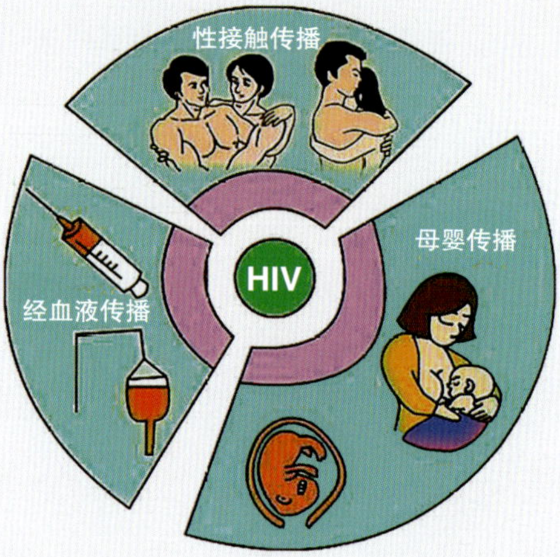


## 资料5 毒品与公共安全

2010年5月26日，浙江省杭州市一处狭窄的三岔路口，一位吸食过“K粉”的男子驾车冲进人群，连撞17名行人、撞飞4个摊位，最后撞上台阶才停下，司机被救出时还在不停地摇头晃脑。事后据其描述，吸食毒品后开车感觉像是在电子游戏的场景中，路人就像游戏中的人物一样，车子撞人越多，游戏得分就越高，他就越觉得兴奋。

2012年4月22日，王某某吸食冰毒后驾驶营运大客车从上海前往江苏常熟，在常合高速行驶途中，神智混乱，驾车冲过中央护栏与对面正常行驶的一辆货车相撞，造成14人死亡、20人受伤。

2014年8月11日，孙某（女）驾驶一辆小轿车沿江西省新余市钤山路由西往东行驶时，撞倒一行人后又与停靠在路边的一辆三轮自行车、两辆电动三轮车及行人发生相撞，造成黄某等10人受伤，两辆电动三轮车及一辆三轮自行车受损。后经尿液检测，孙某吸食了毒品。

## 超级链接：毒驾

毒驾是指未戒断毒瘾的吸毒者和正在使用毒品的驾驶员驾驶机动车的行为。研究表明，司机毒驾时的反应比酒驾还要慢9%。酒后驾车比正常反应时间慢12%，毒驾则比正常反应时间慢21%。吸食毒品特别是吸食合成毒品后，人体容易出现亢奋、昏睡、感知错位、视觉模糊、幻觉等症状，导致感官及全身的协调能力下降、行为失控，严重影响驾驶的安全性。

**通过以上资料，你看到了什么？请写下你的分析和观点，与同学一起分享讨论。**

# 三、我们能为赢得禁毒人民战争做些什么

和毒品作战，打赢禁毒人民战争，可能你会说，解决毒品问题，这是政府的事，是公安机关的事，是警察的事，我们普通人做不了啥。

禁毒是全社会的共同责任。只有每一个公民积极参与，自觉树立禁毒意识、了解毒品知识、知晓毒品危害、掌握拒毒技巧，才能有效地预防和控制住毒品，才能掌握这场战争的主动权和制胜权。我们每个人都是战士，都要参与禁毒人民战争，做自己力所能及的事，共建、共治、共享无毒社会。作为初中生，我们能为赢得禁毒人民战争做些什么呢？

## 保护自己

养成良好习惯，远离烟酒嗜好。因为烟酒是吸毒的前奏，大麻是入门级毒品；

不在危险地方逗留，远离不适宜青少年出入的场所。不去迪厅、酒吧、慢摇吧、网吧等未成年人禁入场所；

慎重交友，避免与不良行为者接触。不与有违法犯罪记录人员、社会闲散人员、吸毒人员交友；

不接受陌生人馈赠的食物、饮料、香烟、酒等，远离各种引诱，特别是在陌生地点，面对陌生人的馈赠要果断拒绝；

防止那些号称“哥们儿”“弟兄”“朋友”“闺蜜”“老乡”的引诱；

要勇于面对、正确面对考试失误、成绩下降、家庭变故等挫折，不要因挫折而自暴自弃；

面对不良诱惑，理智选择脱身。直接拒绝法，坚决说“不”！或者采取速离现场法、转换话题法、友情劝说法、家教严厉法、告知理由法、反激将法和反说服法。

你还知道哪些保护自己的方法

## 影响同伴

掌握拒绝毒品的技巧和健康生活的能力。了解自身特点，培养自我认识能力；学会倾听和表达，培养良好的人际交往能力；认识情绪变化，学会缓解压力；理解支持他人，提高共情的能力，同时培养换位思考能力；有效解决问题，培养应对能力；善意沟通，避免攻击性言行。把学校所学的禁毒知识与拒毒技能传授给身边的同学和朋友，成为小小禁毒宣传员。

你还知道哪些影响同伴的方法

在家中和父母建立稳定而健康的感情，接受父母的监督、教育、管理和有效惩戒，在情感上相互抚慰，认知上共同学习，建立亲社会的家庭价值观。将学校所学禁毒知识带回家，和父母家人一同分享，开展“小手牵大手、大手护小手”“亲子游”等活动，养成良好生活行为习惯，不让毒品进我家，创建和谐温馨家园。

## 带动家庭

你还知道哪些带动家庭的方法

............................................................

............................................................

............................................................

............................................................

## 守护校园

在校园内、班级里开展禁毒宣传志愿活动，利用黑板报、手抄报、小漫画、小喇叭、校园网络、微信、微博等手段，利用“6·1”国际儿童节、“6·26”国际禁毒日等，开展禁毒知识竞赛、演讲比赛、主题班会、实践活动、校园戏剧、情景剧展演等活动。不断提高禁毒意识，树立禁毒观念，远离毒品，健康生活。不让毒品进校园，共建无毒学校。

你还知道哪些守护校园的方法

少年强，则中国强。少年拒毒，则中国无毒。

## 课后思考

1. 毒品给国家和人类社会带来了哪些危害？

2. 我国的禁毒方针是什么？为什么要预防为主？

**图书在版编目（CIP）数据**

初中生毒品预防专题教育手册 / 朱晓莉，莫关耀编. -- 北京 ：中国人民公安大学出版社，2024.6
ISBN 978-7-5653-4508-1

Ⅰ. ①初… Ⅱ. ①朱… ②莫… Ⅲ. ①禁毒－初中－教学参考资料 Ⅳ. ①G631

中国国家版本馆CIP数据核字(2023)第090079号

中小学生“平安课堂”系列丛书

**初中生毒品预防专题教育手册**

朱晓莉　莫关耀　编

总 策 划：陆红燕
执行策划：杨桂峰
责任编辑：关　欣
责任印制：周振东　王晓博

出版发行：中国人民公安大学出版社
地　　址：北京市西城区木樨地南里
邮政编码：100038
经　　销：新华书店
印　　刷：天津盛辉印刷有限公司

版　　次：2024 年6月第 1 版
印　　次：2025 年5月第 3 次
印　　张：7.25
开　　本：787 毫米×1092 毫米　1/16
字　　数：100千字

书　　号：ISBN 978－7－5653－4508－1
定　　价：36.00 元

网　　址：www.cppsup.com.cn　www.porclub.com.cn
电子邮箱：zbs@cppsup.com　zbs@cppsu.edu.cn

营销中心电话：010－83903991
读者服务部电话（门市）：010－83903257
警官读者俱乐部电话（网购、邮购）：010－83901775